WeightWatchers®

FÜR BERUFSTÄTIGE

Rezepte fürs Büro, unterwegs und zu Hause

Einkaufs-
listen aller
Rezepte als
QR-Code
im Buch!

INHALTSVERZEICHNIS

REZEPTINFOS:

 *ProPoints*® Wert pro Glas/Person/Stück

 Schnell < 30 Min.

 Familie

 Einfach

 Vegetarisch

 Einfrieren

ZUTATENLISTE aller Rezepte als Einkaufszettel, direkt aufs Handy!

So funktioniert es:
1. QR-Code-Reader-App kostenlos aus dem Internet downloaden
2. QR-Code scannen
3. Link (URL) öffnen
4. Kapitel bzw. Rezept auswählen, ein Link führt zur Zutatenliste
5. Handy mit in den Supermarkt nehmen und Einkaufszettel jederzeit aufrufen

Voraussetzung: Ein internetfähiges Handy mit Kamerafunktion und QR-Code-Reader-App. Durch die Nutzung des Internets können, abhängig von Ihrem Mobilfunkvertrag, Kosten entstehen.

> „Jeden Tag sind wir unzähligen Verlockungen ausgesetzt: Mit dem neuen **Weight Watchers** Programm lassen sich die Herausforderungen meistern – in jeder Situation, rund um die Uhr und ganz individuell."
>
> Ute Gerwig, Leiterin Forschung & Entwicklung bei Weight Watchers Deutschland

Rundum gewappnet mit dem *ProPoints*® Plan

Das **Weight Watchers** Konzept ist so entwickelt, dass es unseren Teilnehmern hilft, Schritt für Schritt abzunehmen und dann ihr Wunschgewicht langfristig zu halten.

Mit dem *ProPoints*® Plan hat **Weight Watchers** sein flexibelstes, alltagstauglichstes Programm entwickelt. Kein Lebensmittel ist verboten. Es gibt Raum für viel Genuss und persönliche Vorlieben. Sogar gelegentliche „Ausrutscher" sind mit eingeplant.

Die neue Abnehm-Perspektive. Der neue *ProPoints*® Plan 360°

Für ein effektives und nachhaltiges Gewichtsmanagement ist es heute von besonderer Bedeutung, die Herausforderungen unserer Dickmacher-Umgebung zu meistern.

In dieser Dickmacher-Umgebung sind wir fast Tag und Nacht von besonders fett-, zucker- und kalorienreichen Lebensmitteln umgeben – eine ständige Verführung! Im Supermarkt, im Büro, im Restaurant: Überall werden Dutzende Leckereien appetitlich präsentiert, überall duftet es verlockend. Die richtige Wahl zu treffen, das fällt uns da immer schwerer.

Weight Watchers hat deshalb den *ProPoints*® Plan 360° entwickelt, der zum Jahresbeginn 2013 eingeführt wird. Das flexible und an die persönlichen Bedürfnisse anpassbare Programm ist jederzeit und überall verfügbar – immer dann und dort, wo es gebraucht wird: im Treffen, Online und als App, aber auch im Unternehmen als At Work Kurs.

Ein neuer Schwerpunkt liegt auf lösungsorientierten und alltagsgerechten Verhaltensweisen: Mit der richtigen Planung und schlanken Routinen kann sich jeder gegen die Versuchungen der Dickmacher-Umgebung wappnen. Dieser neue, zeitgemäße Ansatz zum Gewichtsmanagement macht Abnehmen noch einfacher und zuverlässiger.

Was sind *ProPoints*® Werte?

Der *ProPoints*® Wert wird mit einer Formel berechnet, die den Eiweiß-, Fett-, Kohlenhydrat- und Ballaststoffgehalt des Lebensmittels berücksichtigt. Dieser Wert ist sehr genau, denn er bezieht die Informationen über das gesamte Lebensmittel mit ein. Dabei berücksichtigt er außerdem, wie Ihr Körper diese Nährstoffe verarbeitet. Deswegen haben ballaststoff- und eiweißreiche Lebensmittel einen geringeren *ProPoints*® Wert.

Weight Watchers für Berufstätige

Sich gesund zu ernähren ist für Berufstätige schon eine besondere Herausforderung und, mit dem Ziel ein paar Kilos zu verlieren, noch schwerer. Wir zeigen, wie Sie sich auch im stressigen Berufsalltag ausgewogen ernähren und in Ihrem *ProPoints*® Budget bleiben. Mit Rezeptideen fürs Frühstück und für zwischendurch, mit Suppen, Salaten und warmen Hauptgerichten, ist dieses Kochbuch genau das Richtige für diejenigen, die schnell etwas zubereiten oder für den nächsten Tag vorkochen möchten.

Natürlich wurden alle Rezepte von **Weight Watchers** erprobt und so beschrieben, dass sie garantiert gelingen.

Mein Ziel, ein Traum?

Viele haben den Weg zu ihrem Wunschgewicht bereits gefunden. Und Sie können das auch. Finden Sie Ihr Treffen in Ihrer Nähe auf der Seite **http://www.weightwatchers.de** und schauen Sie doch mal zu einer kostenlosen Schnupperstunde vorbei. Herzlich willkommen!

Sie möchten regelmäßig über **Weight Watchers** informiert werden?
Melden Sie sich für unseren wöchentlichen Newsletter an:
www.weightwatchers.de/ Newsletteranmeldung

Eine „Arbeits-Woche" mit Weight Watchers
Jeder Tag ist auf 26 *ProPoints*® Werte ausgerichtet.

Montag: LECKERER WOCHENSTART

Frühstück: 1 Rosinenbrötchen, 3 EL Magerquark, 3 TL Aprikosenmarmelade

$\boxed{7}$ ProPoints Wert

Mittag: Couscous-Gemüse-Salat (S. 63)

$\boxed{5}$ ProPoints Wert

Abend: Kartoffelpfanne Kreta mit Schafskäse (S. 93)

$\boxed{12}$ ProPoints Wert

Snack: 1 kleine Portion (125 g) fettarmer Joghurt, 1 Banane

$\boxed{2}$ ProPoints Wert

Wenn Sie eher Lust auf einen herzhaften Snack haben:

Weight Watchers
Potato Snack Paprika,
1 Beutel, 22 g

$\boxed{2}$ ProPoints Wert

Dienstag: FIT & LEICHT-TAG

Frühstück: Erdbeer-Haselnuss-Quark (S. 152)

$\boxed{5}$ ProPoints Wert

Mittag: Käse-Trauben-Salat (S. 67)

$\boxed{9}$ ProPoints Wert

Wenn es mal schnell gehen soll – einfach in die Mikrowelle:

Weight Watchers
Frische Fertiggerichte,
z. B. Chop Suey,
1 Packung, 400 g

$\boxed{9}$ ProPoints Wert

Abend: Tomatensuppe mit Hackbällchen (S. 39)

$\boxed{8}$ ProPoints Wert

Snack: Spargel-Lachs-Wraps (S. 134)

$\boxed{4}$ ProPoints Wert

Mittwoch: VEGETARISCH

Frühstück: 1 Scheibe Vollkornbrot, 1 TL Halbfettmargarine, 2 TL Nuss-Nougat-Creme — **8** ProPoints Wert

Mittag: Eier-Lauch-Salat (S. 73) — **9** ProPoints Wert

Abend: Tortellini-Konfetti-Suppe (S. 41) — **9** ProPoints Wert

Snack: 2 Stücke Obst nach Wahl — **0** ProPoints Wert

Donnerstag: FLEISCH-TAG

Frühstück: Ciabatta mit Hähnchenbrust und getrockneten Tomaten (S. 128) — **6** ProPoints Wert

Mittag: Sweet Couscous mit Joghurt (S. 150) — **7** ProPoints Wert

Abend: Rindersteak mit Papaya (S. 120) — **8** ProPoints Wert

Snack: Bauernsalat mit Schafskäse (S. 67) — **5** ProPoints Wert

Freitag: FISCH-TAG

Frühstück: 1 große Portion (250 g) fettarmer Joghurt, 3 EL Basismüsli, 1 Handvoll Waldfrüchte (TK, ungesüßt), einige Tropfen Süßstoff — **7** ProPoints Wert

Mittag: Minz-Tomaten-Salat mit Mozzarella (S. 59) — **7** ProPoints Wert

Abend: Rotbarsch mit grüner Sauce (S. 98) — **9** ProPoints Wert

Snack: Frischkäse-Kräuter-Dip mit Gemüse nach Wahl (S. 133) — **3** ProPoints Wert

Wenn es mal schnell gehen soll – und Sie Lust auf einen süßen Snack haben:

Weight Watchers Grießpudding Natur, 1 Becher, 130 g — **3** ProPoints Wert

PAPAYA-KOKOS-
Müsli

pro Person

Vorbereitungszeit: 15 Minuten

Für 1 Person:

1 Papaya
1 EL Zitronensaft
100 g fettarmer Joghurt
2 EL Orangensaft
1 TL Honig
1 Prise Zimtpulver
1 Prise Kardamom
einige Tropfen flüssiger Süßstoff
1 EL Kokosraspel
3 EL Basismüsli

1. Papaya halbieren, Kerne mit einem Löffel entfernen, schälen und in kleine Stücke schneiden. Mit Zitronensaft beträufeln.

2. Joghurt mit Orangensaft und Honig verrühren, mit Zimtpulver, Kardamom und Süßstoff abschmecken. Papayastücke, Kokosraspel und Müsli vermischen und mit Joghurt servieren.

ENERGIEMÜSLI
mit Dickmilch

pro Person

Vorbereitungszeit: 10 Minuten

Für 1 Person:

100 g kernlose Weintrauben
1 Banane
250 ml Dickmilch, 3,5 % Fett
1/4 TL Zimtpulver
einige Tropfen flüssiger Süßstoff
4 EL Nussmüsli

1. Weintrauben waschen und halbieren. Banane schälen, in Scheiben schneiden und mit den Traubenhälften mischen. Dickmilch mit Zimtpulver verfeinern, mit Süßstoff abschmecken und mit Nussmüsli unter das Obst heben. Energiemüsli servieren.

Variante:
Ersetzen Sie die Dickmilch durch 250 ml Buttermilch. Der *ProPoints*® Wert reduziert sich auf 6.

MASSLOS BIN ICH NUR NOCH BEI OBSTSALAT

„Ich hatte ein Gewicht erreicht, das ich mir selbst vor Jahren geschworen hatte, niemals zu erreichen." Eigentlich war Sabine immer schlank und musste nie auf ihr Gewicht achten. Doch während ihrer Promotion nahm die ehemalige Biologie-Studentin 10 kg zu.

Sabine, vorher: 75 kg

Uni-Stress war der Auslöser für die überflüssigen Kilos. Durch ihre Doktorarbeit und die vielen Tage im Labor war die 33-jährige Baden-Württembergerin so im Forschungstrott, dass sie ihre Zunahme zunächst gar nicht bemerkt hatte. „Richtig aufgefallen ist es mir eigentlich erst am Tag meiner Promotionsprüfung. Ich wollte ein bestimmtes Kleid anziehen, welches ich schon lange dafür vorgesehen hatte, doch es passte mir überhaupt nicht mehr. Ich sah darin aus wie eine Wurst in Pelle."

Ein Traum wurde Wirklichkeit

Zunächst versuchte Sabine, auf alle Nebenmahlzeiten zu verzichten. Doch da sie zu den Hauptmahlzeiten umso mehr aß, zeigte die Waage keine Veränderung. Auch Obstdiäten probierte sie aus, doch fiel sie schnell wieder in alte Muster zurück. Dank dem Tipp einer guten Freundin kam sie zu **Weight Watchers** Online. „Da ich auf dem Land wohne und kein Auto habe, kam mir das Online-Programm sehr entgegen." Eigentlich wollte sie bloß ihren Prüfungsspeck loswerden, doch es lief so gut, dass sie sogar ihr persönliches Traumgewicht erreichte. Sie aktualisierte jeden Montag ihren Gewichtsverlauf und führte Tagebuch. „So nahm ich durchschnittlich – und ohne Sport – etwa 0,5 kg pro Woche ab. Meine Abnahme glich einer selbsterfüllenden Prophezeiung: Ich habe bemerkt, dass ich schlanker werde und dann lief es praktisch von alleine – ohne Mühe."

„Heute bestimme ich selbst, was ich esse"

Statt belgischer Meeresfrüchte und Keksen hat Sabine nun stets frisches Obst und eine große Kanne Tee im Büro. „Ich habe gelernt, wieder auf meinen Körper zu hören und darauf zu achten, ob ich aus Langeweile oder Frust esse oder ob ich wirklich Hunger habe. Ich hätte nie gedacht, dass diese Umstellung so schnell klappt." Das Einzige, was ihr auf dem Weg zum Wunschgewicht schwerfiel, war, dass sie sich von einigen Kleidern trennen musste, die sie bisher heiß und innig geliebt hatte. Doch dafür ist sie heute rundum zufrieden mit ihrem neuen schlanken Körper. Sie genießt es wieder, sich selbst neue Sachen zu nähen und auch mal ganz neue Looks auszuprobieren. Die Fotos sind der beste Beweis!

Sabines Erfolgstipps

Kaufen Sie sich eine neue Waage! Die alten sind leider oft sehr ungenau und damit demotivierend.

Mixed Pickles: Partypilze, eingelegte Gurken usw. stillen Heißhunger und haben den *ProPoints*® Wert 0.

Bestimmen Sie selbst, was Sie essen. Lassen Sie sich nicht von anderen Menschen verleiten, aus reiner Sympathie mitzuessen.

Sabine, nachher, Abnahme: 10 kg

RÜHREI
mit Gemüse

pro Person

Vorbereitungszeit:	10 Minuten
Garzeit:	10 Minuten

Für 2 Personen:

1/2 Bund Lauchzwiebeln
2 Tomaten
4 Eier
3 EL kohlensäurehaltiges Mineralwasser
Salz
Pfeffer
2 TL Pflanzenöl
1 EL gemischte, gehackte Kräuter
2 Scheiben Schwarzbrot

1. Lauchzwiebeln und Tomaten waschen. Lauchzwiebeln in dünne Ringe und Tomaten in kleine Würfel schneiden. Eier mit Mineralwasser verquirlen und mit Salz und Pfeffer kräftig würzen.

2. Öl in einer Pfanne erhitzen und Lauchzwiebelringe mit Tomatenwürfeln darin ca. 2–3 Minuten andünsten. Eier darübergießen und unter mehrmaligem Rühren stocken lassen. Mit Kräutern verfeinern, mit Salz und Pfeffer abschmecken und mit Schwarzbrot servieren.

Variante 1
Rührei mit Schinkenspeck:
Braten Sie zusätzlich 40 g gewürfelten Schinkenspeck mit dem Gemüse an. Der *ProPoints*® Wert pro Person erhöht sich auf 9.

Variante 2
Rührei mit Krabben:
Braten Sie zusätzlich 4 EL Krabben mit dem Gemüse an und ersetzen Sie die gemischten Kräuter durch 1 TL gehackten Dill. Der *ProPoints*® Wert pro Person erhöht sich auf 9.

Variante 3
Rührei mit Käse:
Mischen Sie unter das verquirlte Ei zusätzlich 2 EL geriebenen Käse (30 % Fett i. Tr.). Der *ProPoints*® Wert pro Person erhöht sich auf 9.

DOMINOBROTE
mit Frischkäse

pro Person

Vorbereitungszeit: 10 Minuten

Für 1 Person:

3 Scheiben Schwarzbrot
3 EL Frischkäse, bis 1 % Fett absolut
1/2 Beet Kresse
1 EL Schnittlauchringe
3 Karotten
1 Apfel

1. Zwei Scheiben Schwarzbrot mit Frischkäse bestreichen. Kresse vom Beet schneiden und auf einer Scheibe verteilen. Mit der zweiten bestrichenen Scheibe Schwarzbrot belegen und Frischkäse mit Schnittlauchringen bestreuen.

2. Mit der restlichen Scheibe Schwarzbrot abdecken und mit einem scharfen Messer in 4 Stücke schneiden. Karotten schälen, Apfel waschen und zu den Dominobroten servieren.

Tipp:
Fest verpackt lassen sich die Dominobrote als ideales Frühstück für unterwegs mitnehmen.

AKTIVBROT
mit Schinken

pro Person
5 ProPoints Wert

Vorbereitungszeit: 10 Minuten

Für 1 Person:

1 EL Ziegenfrischkäse
1 EL Frischkäse, bis 1 % Fett absolut
1 TL Honig
1 Scheibe Schwarzbrot
1 Scheibe gekochter Schinken
2 Radieschen
1 EL Kresse

1. Ziegenfrischkäse mit Frischkäse und Honig verrühren. Schwarzbrot mit Frischkäsecreme bestreichen und mit Schinken belegen.

2. Radieschen waschen und in Scheiben schneiden. Brot mit Radieschenscheiben und Kresse garniert servieren.

SÜSSE
Käsebrote

pro Person
7 ProPoints Wert

Vorbereitungszeit: 10 Minuten

Für 2 Personen:

2 Scheiben Roggenvollkornbrot
2 TL Halbfettmargarine
90 g Camembert, 30 % Fett i. Tr.
1 Scheibe Edamer, 30 % Fett i. Tr.
1 Kiwi
1 kleine Birne

1. Vollkornbrot mit Margarine bestreichen. Camembert in Scheiben schneiden. 1 Brotscheibe mit Edamer- und 1 Brotscheibe mit Camembertscheiben belegen und halbieren.

2. Kiwi schälen und in dünne Scheiben schneiden. Birne waschen, entkernen und in dünne Spalten schneiden. Edamerbrote mit Kiwischeiben und Camembertbrote mit Birnenspalten belegen und servieren. Nach Wunsch mit rosa Pfefferbeeren und Schnittlauch garnieren.

„FEEL GOOD" SANDWICH
mit Feldsalat

pro Person
10 ProPoints Wert

Vorbereitungszeit: 15 Minuten

Für 2 Personen:

1 Orange
4 EL Salatcreme, bis 10 % Fett
1 TL Senf
1 TL Honig
1/4 TL gehackter Rosmarin
30 g Feldsalat (ersatzweise Blattsalat)
2 Baguettebrötchen
4 Scheiben Geflügelbrustaufschnitt
1 TL Kürbiskerne

1. Orange schälen und filetieren. Salatcreme mit Senf, Honig und Rosmarin verrühren. Feldsalat waschen und trocken schleudern. Baguettebrötchen halbieren und mit der Senfcreme bestreichen.

2. Untere Brötchenhälften jeweils mit 2 Scheiben Geflügelbrustaufschnitt, einigen Orangenfilets und Feldsalat belegen und mit Kürbiskernen bestreuen. Deckel aufsetzen und servieren.

VITALSCHNITTE
mit Radieschen und Gurke

pro Person
8 ProPoints Wert®

Vorbereitungszeit: 15 Minuten

Für 1 Person:

6 Radieschen
1/4 Salatgurke
120 g Frischkäse, bis 1 % Fett absolut
1 TL Tafelmeerrettich (Glas)
Salz
Pfeffer
2 Scheiben Schwarzbrot
20 g Mungobohnensprossen

1. Radieschen und Gurke waschen. Radieschen fein würfeln und Gurke in dünne Scheiben schneiden. Frischkäse mit Meerrettich cremig verrühren, Radieschenwürfel unterheben und mit Salz und Pfeffer abschmecken.

2. Schwarzbrot mit der Meerrettichcreme bestreichen und mit Gurkenscheiben belegen. Sprossen waschen, gut abtropfen lassen, darauf verteilen und servieren.

BIRNEN-QUARK-
Frühstück

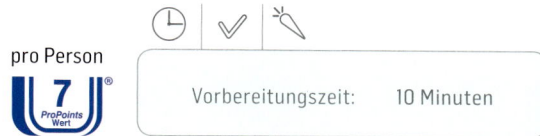

pro Person
7 ProPoints Wert

Vorbereitungszeit: 10 Minuten

Für 1 Person:

1 Birne
1 TL Zitronensaft
250 g Magerquark
2 EL Orangensaft
1 Päckchen Vanillezucker
1 EL Raspelschokolade

1. Birne waschen, vierteln, entkernen und würfeln. Mit Zitronensaft beträufeln. Quark mit Orangensaft und Vanillezucker glatt rühren. Birnenwürfel mit Raspelschokolade unter den Quark rühren und servieren.

CHICKENSANDWICH
mit Mandarinen

pro Person
4 ProPoints Wert

Vorbereitungszeit: 10 Minuten

Für 2 Personen:

2 Scheiben Vollkorntoast
40 g Mandarinen (Konserve, ohne Zucker)
3 EL Frischkäse, bis 1 % Fett absolut
Salz
Pfeffer
6 Scheiben Hähnchenbrustaufschnitt

1. Toastbrot rösten. Mandarinen abtropfen lassen, mit Frischkäse verrühren und mit Salz und Pfeffer abschmecken. Toast mit Mandarinencreme bestreichen und mit Hähnchenbrustaufschnitt belegen. Chickensandwich zusammenklappen, diagonal halbieren und servieren.

HONIG-MELONEN-
Müsli

pro Person **4** ProPoints Wert

Vorbereitungszeit: 10 Minuten
Garzeit: 5 Minuten

Für 2 Personen:

4 TL Honig
4 EL Basismüsli
1/2 Melone (z. B. Cantaloupemelone)
200 g Magerquark
6–7 EL kohlensäurehaltiges Mineralwasser
einige Tropfen flüssiger Süßstoff
einige Tropfen Vanillearoma

1. Honig in einer Pfanne erhitzen, Müsli zufügen, unter Rühren karamellisieren und etwas abkühlen lassen. Melonenkerne mit einem Löffel entfernen, Melone in Spalten schneiden, Fruchtfleisch von der Schale schneiden und würfeln.

2. Quark mit Mineralwasser verrühren, Melonenwürfel untermischen und mit Süßstoff und Vanillearoma abschmecken. In Schälchen füllen und mit Knuspermüsli bestreut servieren.

BAGELGENUSS
mit Radieschen

pro Person **8** ProPoints Wert

Vorbereitungszeit: 10 Minuten

Für 1 Person:

1 Bund Radieschen
1 Lauchzwiebel
1 TL Salatcreme, bis 10 % Fett
1 TL saure Sahne
1 TL Senf
1 EL gehackte Petersilie (frisch oder TK)
1 Prise Zucker
Salz
Pfeffer
2 Blätter Römersalat
1 Bagel
4 Scheiben Lachsschinken
1/2 Honigmelone

1. Radieschen und Lauchzwiebel waschen. 2 Radieschen in Scheiben und Lauchzwiebel in feine Ringe schneiden. Für die Remoulade Salatcreme mit saurer Sahne, Senf, Lauchzwiebelringen und Petersilie verrühren. Mit Zucker, Salz und Pfeffer würzen.

2. Salat waschen und trocken schleudern. Bagel halbieren, mit Remoulade bestreichen und mit Salatblättern und Radieschenscheiben belegen. Lachsschinken zu Röllchen drehen, drauflegen und Bagel zusammenklappen. Melonenkerne mit einem Löffel entfernen, Melone in Spalten schneiden, Fruchtfleisch von der Schale schneiden und würfeln. Melonenwürfel und restliche Radieschen zum Bagel servieren.

FRISCHKÄSE-
Himbeer-Brötchen

pro Person
5 ProPoints Wert

| Vorbereitungszeit: | 10 Minuten |

Für 2 Personen:

2 Vollkornbrötchen
100 g Himbeeren (frisch oder TK)
80 g Hüttenkäse, bis 5 % Fett absolut
1 TL Honig
einige Blätter Minze

1. Brötchen halbieren. Himbeeren waschen und trocken tupfen oder auftauen lassen. 50 g Himbeeren pürieren.

2. Himbeerpüree mit Hüttenkäse und Honig verrühren. Auf die Brötchenhälften streichen. Minze waschen und trocken schütteln. Frischkäse-Himbeer-Brötchen mit Minze und restlichen Himbeeren garniert servieren.

JOGHURT-
Honig-Creme

pro Person
4 ProPoints Wert

| Vorbereitungszeit: | 25 Minuten |

Für 2 Personen:

1 kleine Ananas
1 kleiner Granatapfel
500 g Magermilchjoghurt
4 TL Honig
1 EL gehackte Zitronenmelisse
einige Tropfen Vanillearoma
1 TL gehackte Walnüsse

1. Ananas schälen, halbieren, den Strunk entfernen und Ananas in kleine Stücke schneiden. Granatapfel halbieren, Kerne herauslösen und mit den Ananasstücken vermischen.

2. Joghurt mit Honig verrühren. Mit Zitronenmelisse und Vanillearoma verfeinern. Abwechselnd mit dem Obst in 2 Gläser schichten, mit Walnüssen bestreuen und sofort servieren.

Tipp:
Anstelle der Granatapfelkerne können Sie auch 2 Kiwis in Würfeln oder 150 g Beeren verwenden.

MELONEN-
Joghurt-Drink

pro Glas

Vorbereitungszeit: 10 Minuten

Für 2 Gläser (à 300 ml):

1 kleine Galiamelone
60 ml Orangensaft
250 g Magermilchjoghurt
3 TL Honig

1. Galiamelone halbieren, Kerne mit einem Löffel entfernen und 6 Kugeln ausstechen. Restliche Melone in Spalten schneiden, Fruchtfleisch von der Schale schneiden und würfeln. Mit Orangensaft pürieren.

2. Joghurt einrühren und mit Honig verfeinern. Je 3 Melonenkugeln auf einen Holzspieß stecken und Melonen-Joghurt-Drink mit Melonenspießen garnieren. Nach Wunsch mit Limettenzesten garniert servieren.

Variante 1
Mango-Ingwer-Shake:
Von 1 reifen Mango zwei Spalten abschneiden und beiseite legen. Restliche Mango schälen, das Fruchtfleisch vom Stein schneiden und in grobe Stücke schneiden. Ingwer (ca. 1 cm) schälen und in feine Würfel schneiden. Mangostücke und Ingwerwürfel mit 200 ml Orangensaft und 250 g Magermilchjoghurt pürieren. Shake mit 3 TL Ahornsirup verfeinern und mit Mangospalten garniert servieren. Der *ProPoints*® Wert pro Glas ändert sich nicht.

Variante 2
Waldfruchtshake:
300 g Waldfruchtmischung (TK) auftauen lassen und mit 300 g Magermilchjoghurt pürieren. Mit 1 TL gehackter Minze verfeinern und mit Süßstoff abschmecken. Nach Wunsch mit Beeren und Minze garnieren. Der *ProPoints*® Wert pro Glas reduziert sich auf 2.

FRUCHTIGER
Frühstart

pro Person

Vorbereitungszeit: 15 Minuten

Für 1 Person:

1 kleiner Apfel
1/2 kleine Honigmelone
1 TL Zitronensaft
1 EL Mandelblätter
150 g Erdbeeren (frisch oder TK)
300 g Magerquark
1 TL Honig

1. Apfel waschen, vierteln, entkernen und in Spalten schneiden. Honigmelone vierteln, entkernen, in Spalten schneiden und Schale entfernen. Obstspalten auf einem Teller anrichten und mit Zitronensaft beträufeln.

2. Mandelblätter in einer Pfanne fettfrei goldbraun rösten. Erdbeeren waschen und 50 g beiseitestellen.

3. Quark mit 100 g Erdbeeren pürieren und mit Honig verfeinern. Beiseitegestellte Erdbeeren in Stücke schneiden. Quarkcreme mit Mandelblättern und Erdbeerstücken bestreut zum Obstteller servieren.

THAI-SUPPE
mit Huhn

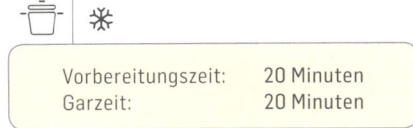

pro Person

Vorbereitungszeit:	20 Minuten
Garzeit:	20 Minuten

Für 2 Personen:

1 Stück Ingwer (ca. 1 cm)
1 Stängel Zitronengras
300 g Hähnchenbrustfilet
Salz
Pfeffer
2 TL Pflanzenöl
500 ml Geflügelbrühe (2 TL Instantpulver)
80 ml Kokosmilch
250 g braune Champignons
2 Lauchzwiebeln
60 g trockene Mie-Nudeln
50 g Mungobohnensprossen (ersatzweise Konserve)
2 EL gehackter Koriander (frisch oder getrocknet)

1. Ingwer schälen und hacken. Zitronengras waschen und zerdrücken. Hähnchenbrustfilet abspülen, trocken tupfen, in Stücke schneiden, mit Salz und Pfeffer würzen. Öl in einem Topf erhitzen und Hähnchenbrustfiletstücke mit Ingwer darin ca. 3 Minuten rundherum anbraten. Mit Geflügelbrühe und Kokosmilch ablöschen, Zitronengras zugeben und ca. 10–12 Minuten garen.

2. Champignons trocken abreiben und in Scheiben schneiden. Lauchzwiebeln waschen und in Ringe schneiden. Champignonscheiben, Lauchzwiebelringe und Mie-Nudeln zur Suppe geben und ca. 7 Minuten mitgaren. Mungobohnensprossen waschen und abtropfen lassen. Zitronengras entfernen und Thai-Suppe mit Koriander und Mungobohnensprossen bestreut servieren.

TOMATENSUPPE
mit Hackbällchen

pro Person

| Vorbereitungszeit: | 15 Minuten |
| Garzeit: | 5 Minuten |

Für 1 Person:

5 Tomaten
1 TL gehackter Oregano
200 ml Gemüsebrühe (1 TL Instantpulver)
Salz
Pfeffer
1 EL Schmand
4 Weight Watchers Mini Frikadellen
4 EL Apfelmus (ohne Zucker)
100 g Magerquark
einige Tropfen flüssiger Süßstoff
1 Scheibe Pumpernickel

1. Tomaten waschen und würfeln. Mit Oregano und Brühe in einen Topf geben, aufkochen und ca. 5 Minuten köcheln lassen. Suppe kräftig mit Salz und Pfeffer würzen und mit Schmand verfeinern. Mini Frikadellen zufügen und Suppe in einen gut schließenden Behälter füllen.

2. Als Nachtisch: Für den Apfelquark Apfelmus mit Quark verrühren und mit Süßstoff verfeinern. Ebenfalls in einen gut schließenden Behälter füllen. Suppe in der Mikrowelle erwärmen und mit Pumpernickel servieren.

Tipp:
Für Eilige: Ersetzen Sie die Tomaten und die Brühe durch 400 ml Tomatensaft und 1 Tomate. Der *ProPoints*® Wert pro Person ändert sich nicht.

BLUMENKOHLSUPPE
mit Crostinis

pro Person
8 ProPoints Wert

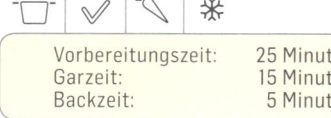

Vorbereitungszeit:	25 Minuten
Garzeit:	15 Minuten
Backzeit:	5 Minuten

Für 2 Personen:

1 kleiner Blumenkohl (ca. 500 g)
Salz
1 EL Sonnenblumenkerne
125 ml heiße Gemüsebrühe
    (1/2 TL Instantpulver)
1 Beutel Weight Watchers Sauce Hollandaise
375 ml Wasser
Pfeffer
geriebene Muskatnuss
1 EL gehackte Petersilie
1 Knoblauchzehe
2 TL Olivenöl
4 Scheiben Ciabatta

1. Blumenkohl waschen, in Röschen teilen und in Salzwasser ca. 15 Minuten garen. Backofen auf 180° C (Gas: Stufe 2, Umluft: 160° C) vorheizen. Sonnenblumenkerne in einer Pfanne fettfrei anrösten. Blumenkohlröschen abgießen und in heißer Brühe pürieren.

2. Sauce Hollandaise nach Packungsanweisung, aber nur mit 375 ml Wasser zubereiten und unter den Blumenkohl rühren. Suppe mit Salz, Pfeffer und Muskatnuss abschmecken und mit Petersilie verfeinern.

3. Für die Crostinis Knoblauch pressen, mit Öl mischen, Ciabattascheiben damit bestreichen und im Backofen auf mittlerer Schiene ca. 5 Minuten goldbraun backen. Blumenkohlsuppe mit Sonnenblumenkernen bestreuen und mit Crostinis servieren.

TORTELLINI-KONFETTI-
Suppe

pro Person
9 ProPoints Wert®

Vorbereitungszeit: 20 Minuten
Garzeit: 20 Minuten

Für 2 Personen:

1 Dose Mais (140 g Abtropfgewicht)
1/4 Bund Petersilie
1 Zwiebel
200 g Karotten
1 Knoblauchzehe
1 TL Olivenöl
2 TL Tomatenmark
1 Liter Gemüsebrühe (1 EL Instantpulver)
Salz, Pfeffer, Paprikapulver
1 Prise Zucker
100 g Erbsen (TK)
120 g trockene Tortellini mit Käsefüllung

1. Mais abtropfen lassen. Petersilie waschen, trocken schütteln und hacken. Zwiebel und Karotten schälen und in Würfel schneiden. Knoblauch pressen.

2. Öl in einem Topf erhitzen und Knoblauch, Zwiebel- und Karottenwürfel darin andünsten. Tomatenmark dazugeben, mit Brühe ablöschen und mit Salz, Pfeffer, Paprikapulver und Zucker würzen.

3. Erbsen, Mais und Tortellini dazugeben und ca. 10–15 Minuten köcheln lassen. Suppe mit Salz und Pfeffer abschmecken und mit Petersilie bestreut servieren.

HÜHNERSUPPE
mit Spargel

pro Person
5 ProPoints Wert

| Vorbereitungszeit: | 5 Minuten |
| Garzeit: | 15 Minuten |

Für 2 Personen:

120 g Hähnchenbrustfilet
1 TL Pflanzenöl
750 ml Hühnerbrühe (3 TL Instantpulver)
300 g Suppengemüse (TK)
60 g trockene Suppennudeln
150 g Spargelspitzen (Konserve)
1 EL gehackte Petersilie
Salz
Pfeffer
1 EL Worcestersauce

1. Hähnchenbrustfilet abspülen, trocken tupfen und in Streifen schneiden. Öl in einem Topf erhitzen und Hähnchenstreifen darin rundherum anbraten. Brühe angießen, aufkochen lassen, Suppengemüse und Nudeln zufügen und bei geringer Hitze ca. 5 Minuten garen.

2. Spargelspitzen abtropfen lassen, mit Petersilie zufügen und weitere ca. 5 Minuten köcheln lassen. Hühnersuppe mit Salz, Pfeffer und Worcestersauce abschmecken und servieren.

PIKANTE
Thymiansuppe

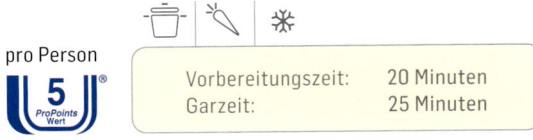

pro Person
5 ProPoints Wert

| Vorbereitungszeit: | 20 Minuten |
| Garzeit: | 25 Minuten |

Für 2 Personen:

200 g Karotten
300 g mehligkochende Kartoffeln
2 rote Zwiebeln
1 kleine Chilischote
1 TL Pflanzenöl
600 ml Gemüsebrühe (3 TL Instantpulver)
250 ml fettarme Milch
1/2 Knoblauchzehe
1 TL getrockneter Thymian
Salz
Pfeffer
Thymian zum Garnieren

1. Karotten, Kartoffeln und Zwiebeln schälen. 1 Karotte in feine Streifen schneiden. Restliche Karotten mit Kartoffeln und Zwiebeln in Würfel schneiden. Chili waschen, entkernen und klein hacken. Öl in einem Topf erhitzen, Zwiebel-, Karotten- und Kartoffelwürfel mit Chili darin andünsten.

2. Brühe und Milch angießen. Knoblauch pressen, mit Thymian zugeben, salzen, pfeffern und ca. 20 Minuten köcheln lassen. Suppe pürieren, Karottenstreifen zugeben und kurz ziehen lassen. Mit Salz und Pfeffer abschmecken. Thymian waschen, trocken schütteln und Suppe mit Thymian garniert servieren.

BROCCOLI-KÄSE-
Suppe

pro Person

| Vorbereitungszeit: | 15 Minuten |
| Garzeit: | 15 Minuten |

Für 2 Personen:

500 g Broccoli
200 g mehligkochende Kartoffeln
1 TL Pflanzenöl
500 ml Gemüsebrühe (2 TL Instantpulver)
50 g Schmelzkäse, 20 % Fett i. Tr.
Salz
Pfeffer
1 Prise geriebene Muskatnuss
2 Scheiben Bauernbrot

1. Broccoli waschen und in Röschen teilen. Kartoffeln schälen und in Würfel schneiden. Öl in einem Topf erhitzen und Kartoffelwürfel darin ca. 2 Minuten andünsten. Mit Brühe ablöschen, Broccoliröschen zufügen und Suppe bei milder Hitze ca. 10 Minuten köcheln lassen.

2. Käse unterrühren und in der Suppe schmelzen lassen. Mit Salz, Pfeffer und Muskatnuss kräftig würzen. Broccoli-Käse-Suppe mit Brot servieren.

Tipp:
Diese Suppe schmeckt auch sehr gut mit 500 g Lauch in Ringen. Der *ProPoints*® Wert pro Person ändert sich nicht.

KARTOFFELSUPPE
mit Würstchen

pro Person
10 ProPoints Wert

Vorbereitungszeit:	15 Minuten
Garzeit:	30 Minuten

Für 2 Personen:

300 g mehligkochende Kartoffeln
1 Zwiebel
1 Kohlrabi
1 Stange Lauch
1 TL Pflanzenöl
375 ml Gemüsebrühe (2 TL Instantpulver)
250 ml fettarme Milch
Salz
Pfeffer
geriebene Muskatnuss
2 Weight Watchers Delikatess Wiener Würstchen
2 Scheiben Bauernbrot

1. Kartoffeln, Zwiebel und Kohlrabi schälen und in Würfel schneiden. Lauch waschen und in Ringe schneiden. Öl in einem Topf erhitzen und Kartoffel-, Zwiebel- und Kohlrabiwürfel mit Lauchringen darin ca. 3 Minuten andünsten. Brühe angießen und ca. 15–20 Minuten garen.

2. Einige Gemüsewürfel herausnehmen und beiseitestellen, die restlichen Gemüsewürfel pürieren. Suppe mit Milch verfeinern und mit Salz, Pfeffer und Muskatnuss abschmecken. Würstchen in Scheiben schneiden, mit restlichen Gemüsewürfeln in die Suppe geben und erwärmen. Kartoffelsuppe mit Bauernbrot servieren.

KAROTTEN-KOKOS-
Suppe

pro Person
5 ProPoints Wert

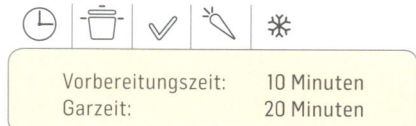

| Vorbereitungszeit: | 10 Minuten |
| Garzeit: | 20 Minuten |

Für 1 Person:

500 g Karotten
1 Stück Ingwer (ca. 1 cm)
1 TL Pflanzenöl
350 ml Gemüsebrühe (1 TL Instantpulver)
1 TL Erdnüsse
60 ml Kokosmilch
Salz
Pfeffer

1. Karotten und Ingwer schälen. Karotten in Scheiben schneiden und Ingwer hacken. Öl in einem Topf erhitzen und Karottenscheiben mit Ingwer darin ca. 2 Minuten dünsten. Mit Brühe ablöschen und ca. 15 Minuten garen. Erdnüsse hacken.

2. Suppe pürieren und mit Kokosmilch verfeinern. Mit Salz und Pfeffer abschmecken. Karotten-Kokos-Suppe mit Erdnüssen bestreuen und nach Wunsch mit rosa Pfefferbeeren garniert servieren.

Alternative:
Statt Karotten können Sie auch 500 g Blumenkohl (TK) oder 500 g Hokkaido-Kürbis verwenden. Der *ProPoints*® Wert pro Person ändert sich nicht.

CHAMPIGNON-TATAR-
Suppe

pro Person
7 ProPoints Wert

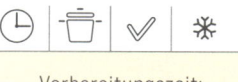

| Vorbereitungszeit: | 10 Minuten |
| Garzeit: | 15 Minuten |

Für 1 Person:

1 Zwiebel
300 g Champignons
1 TL Olivenöl
60 g Tatar
Salz
Pfeffer
Paprikapulver
125 ml fettarme Milch
250 ml Gemüsebrühe (1 TL Instantpulver)
2 EL Schmelzkäse, 20 % Fett i. Tr.
1/2 TL gehackter Thymian

1. Zwiebel schälen und würfeln. Champignons trocken abreiben und in Scheiben schneiden. Öl in einem Topf erhitzen und Tatar darin ca. 2 Minuten krümelig anbraten.

2. Zwiebelwürfel und Champignonscheiben dazugeben und weitere ca. 5 Minuten braten. Mit Salz, Pfeffer und Paprikapulver kräftig würzen und mit Milch und Brühe ablöschen. Suppe ca. 2–3 Minuten köcheln lassen.

3. Schmelzkäse einrühren, kurz aufkochen lassen und mit Salz, Pfeffer und Paprikapulver abschmecken. Champignon-Tatar-Suppe mit Thymian verfeinern und servieren.

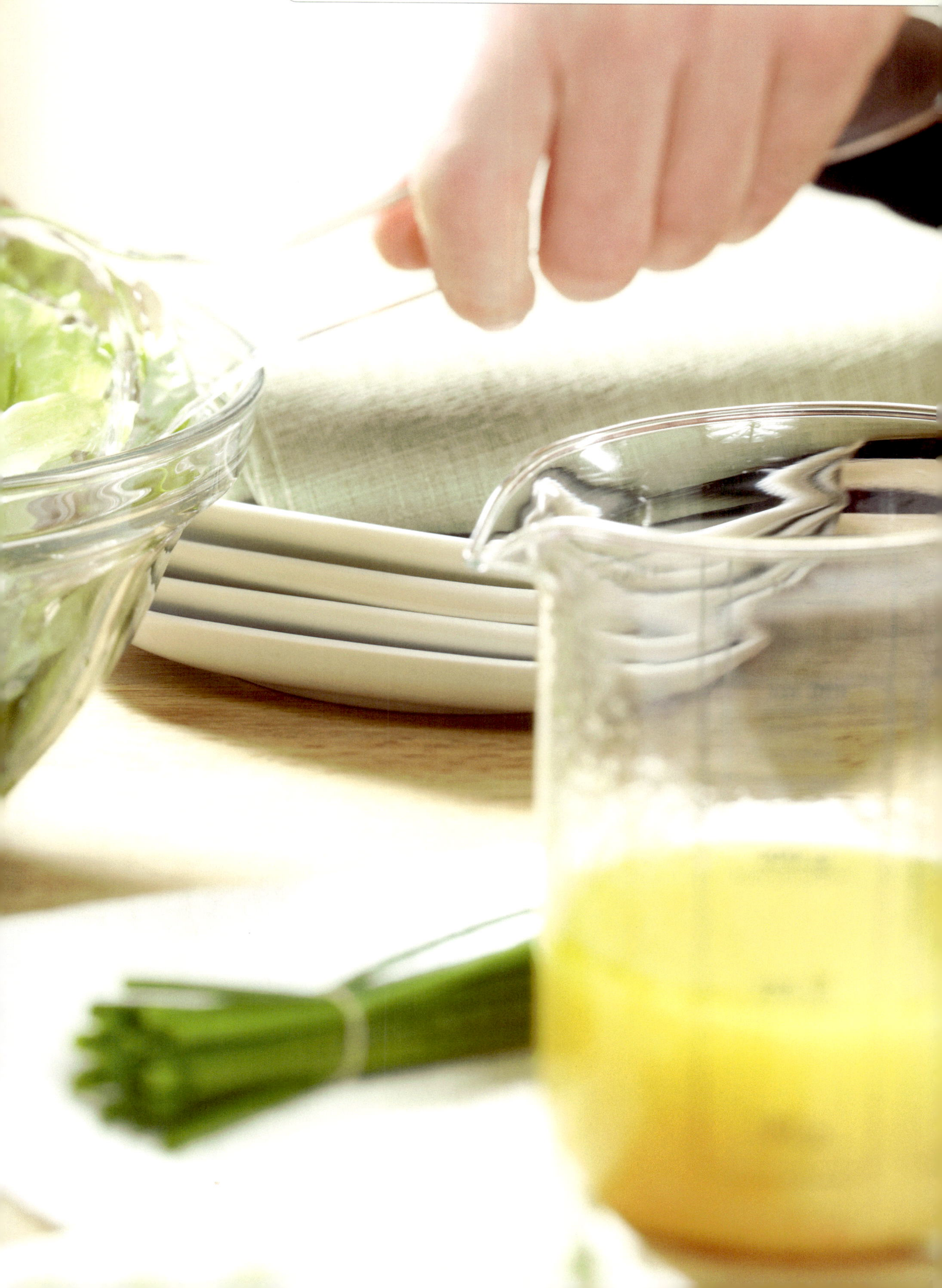

NUDELSALAT
mit Zuckererbsen

pro Person

9 ProPoints Wert

Vorbereitungszeit: 10 Minuten
Garzeit: 10 Minuten

Für 1 Person:

60 g trockene Nudeln (z. B. Fusilli)
Salz
150 g Zuckererbsenschoten
1/2 Zitrone
150 g Magermilchjoghurt
1 TL Pesto
Pfeffer
1 Prise Zucker
1/2 Staude Bleichsellerie
1 Scheibe Parmaschinken

1. Nudeln nach Packungsanweisung in Salzwasser garen. Zuckererbsenschoten waschen, halbieren, ca. 2 Minuten vor Ende der Garzeit zufügen und mitgaren. Zitronenhälfte auspressen. Nudeln und Zuckererbsenschoten abgießen und gut abtropfen lassen.

2. Für das Dressing Joghurt mit 1/2 Teelöffel Zitronensaft und Pesto verrühren. Mit Salz und Pfeffer abschmecken und mit Zucker verfeinern. Bleichsellerie waschen und 1 Stange in Scheiben schneiden. Parmaschinken in Streifen schneiden.

3. Nudeln und Zuckererbsenschoten mit Bleichselleriescheiben und Parmaschinkenstreifen mischen. Dressing unter den Nudelsalat mischen und nach Wunsch mit Bleichsellerieblättern garnieren. Mit restlichen Bleichselleriestangen als Rohkost servieren.

RUCOLASALAT
mit Parmaschinken

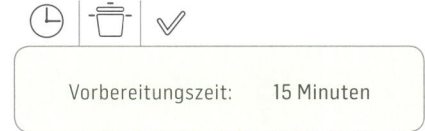

pro Person

Vorbereitungszeit: 15 Minuten

Für 2 Personen:

150 g Rucola
150 g weiße Bohnen (Konserve)
4 Tomaten
3 Scheiben Parmaschinken
2 TL Olivenöl
1 EL dunkler Balsamicoessig
75 ml Gemüsebrühe (1/2 TL Instantpulver)
1 TL Honig
1 EL gehacktes Basilikum
Salz
Pfeffer
2 EL Parmesanhobel
2 Scheiben Bauernbrot

1. Rucola waschen und trocken schleudern. Bohnen abtropfen lassen. Tomaten waschen und mit Parmaschinken in Stücke schneiden. Rucola mit Bohnen, Tomaten- und Parmaschinkenstücken mischen.

2. Für das Dressing Öl mit Balsamicoessig, Brühe, Honig und Basilikum verquirlen. Mit Salz und Pfeffer abschmecken, über den Salat träufeln und mit Parmesan bestreuen. Rucolasalat mit Bauernbrot servieren.

ANANAS-PUTEN-
Salat

pro Person **6** ProPoints Wert

Vorbereitungszeit:	15 Minuten
Garzeit:	5 Minuten

Für 2 Personen:

240 g Putenschnitzel
Salz, Pfeffer
1 TL Paprikapulver
1/2 rote Chilischote
1 TL Pflanzenöl
1/2 kleine Ananas
1 rote Zwiebel
1/2 Limette
1 grüne Paprika
50 ml Ananassaft
40 g geriebener Appenzeller, 50 % Fett i. Tr.

1. Putenschnitzel abspülen, trocken tupfen und in Streifen schneiden. Mit Salz, Pfeffer und Paprikapulver würzen. Chilischote waschen, entkernen und in Ringe schneiden. Öl in einer Pfanne erhitzen und Putenschnitzelstreifen darin ca. 4 Minuten rundherum anbraten. Chiliringe zugeben, ca. 1 Minute mitbraten und herausnehmen.

2. Ananas schälen, vierteln, den Strunk entfernen und Ananas würfeln. Zwiebel schälen und würfeln. Limettenhälfte auspressen. Paprika waschen, entkernen und in Stücke schneiden.

3. Ananas- und Zwiebelwürfel, Paprikastücke und Putenschnitzelstreifen mit Limetten- und Ananassaft vermischen. Mit Salz und Pfeffer würzen und mit Appenzeller bestreut servieren.

Tipp:
Besonders sättigend wird der Salat, wenn Sie zusätzlich 40 g trockenen Naturreis nach Packungsanweisung garen, leicht abkühlen lassen und untermischen. Der *ProPoints*® Wert pro Person erhöht sich auf 8.

TORTELLINI-PFIRSICH- ▷
Salat

pro Person **9** ProPoints Wert

Vorbereitungszeit:	15 Minuten
Garzeit:	10 Minuten

Für 2 Personen:

120 g trockene Tortellini mit Käsefüllung
Salz
1/2 Eisbergsalat
1 gelbe Paprika
1 kleine Zucchini
1/2 Bund Lauchzwiebeln
1/2 Bund Schnittlauch
250 g Magermilchjoghurt
1/2 TL Currypulver
Pfeffer
1/2 Kugel Mozzarella light
2 Pfirsiche

1. Tortellini nach Packungsanweisung in Salzwasser garen. Eisbergsalat waschen, trocken schleudern und in mundgerechte Stücke zerteilen. Paprika waschen, entkernen und würfeln. Zucchini und Lauchzwiebeln waschen. Zucchini längs halbieren und in Scheiben, Lauchzwiebeln in Ringe schneiden.

2. Tortellini abgießen, mit kaltem Wasser abschrecken und gut abtropfen lassen. Abkühlen lassen und mit den Salatzutaten mischen.

3. Für das Dressing Schnittlauch waschen, trocken schütteln und in Ringe schneiden. Mit Joghurt und Currypulver verrühren, mit Salz und Pfeffer abschmecken.

4. Mozzarella abtropfen lassen. Pfirsiche waschen, halbieren, Steine entfernen und mit Mozzarella in kleine Würfel schneiden. Salat kurz vor dem Servieren mit Dressing mischen und mit Mozzarella- und Pfirsichwürfeln garniert servieren.

MINZ-TOMATEN-
Salat

pro Person

Vorbereitungszeit: 15 Minuten

Für 2 Personen:

1 EL Pinienkerne
4 Tomaten
einige Blätter Minze
100 ml Orangensaft
2 TL kalorienreduziertes Orangengelee
1 EL Weißweinessig
1 TL Pflanzenöl
Salz
Pfeffer

1. Pinienkerne in einer Pfanne fettfrei goldbraun rösten. Tomaten waschen und in Scheiben schneiden. Minze waschen und trocken schütteln. Tomatenscheiben mit Minze auf einer Platte anrichten.

2. Für das Dressing Orangensaft mit Gelee, Essig und Öl verrühren. Mit Salz und Pfeffer kräftig abschmecken. Dressing über die Tomaten geben und mit Pinienkernen bestreut servieren.

Variante:
Ergänzen Sie den Salat mit 2 Kugeln Mozzarella light, in Scheiben geschnitten. Der *ProPoints*® Wert pro Person erhöht sich auf 7.

„Mein Schlanktipp: die Gute-Laune-Küche"

Viele Jahre hat Anne nur nach dem Lustprinzip gegessen – viel Süßes, viel Fettiges. Der Genuss blieb dabei trotzdem auf der Strecke, denn die 31-Jährige legte immer mehr Gewicht zu. Mit 22 Kilogramm weniger setzt sie heute auf eine schlanke Gute-Laune-Küche.

Anne, vorher

Wenn man den Köchen in den Kochshows im Fernsehen bei der Zubereitung ihrer Gerichte zusieht, fällt eines auf: Ob Fleisch, Gemüse oder Saucen – viele runden die Speisen noch mit einem ordentlichen Stück Butter ab oder mit einem Schuss Sahne. Anne kann davon ein Lied singen: Die 31-Jährige arbeitet im Housekeeping eines Hotels, ist aber von Beruf Köchin und kennt die vielen Fettfallen der Restaurantküche ganz genau: „Auch ich habe während meiner Ausbildung im Hotel gelernt, den vermeintlichen Geschmacksträger Fett großzügig zu verwenden!"

Ursache für Annes Zunahme war jedoch nicht allein die üppige Zubereitung von Hauptmahlzeiten.
„Schuld war vielmehr mein Mann", lacht sie. „Er hat mich gerne verwöhnt, liebte es, wenn ich nach Herzenslust schlemmte." Anfangs war das auch noch in Ordnung, doch die Zunehmspirale drehte sich immer schneller. Unkontrolliert habe sie gegessen, sagt Anne in der Rückschau, einfach alles, was schmeckt. Heute schmeckt es Anne allerdings immer noch gut, wenn nicht sogar besser, und Annes Mann kann ihr wieder beim genussvollen Schlemmen zuschauen – dank ihrer leichten Gute-Laune-Küche.

Die zweifache Mutter hat ihre Ernährung komplett umgestellt.
Wenn sie einen Braten zubereitet, dünstet sie Gemüse mit und püriert es als Bindung für die Sauce – statt Sahne. Butter oder Margarine auf dem Brot hat sie durch einen fettreduzierten Frischkäse ersetzt und krönt die Vollkornscheibe mit frischen Tomaten. Wenn sich heute die Naschkatze in ihr meldet, bereitet Anne gerade an heißen Tagen ein Erdbeergranité zu, püriert die Früchte, gibt ein wenig Alkohol hinzu, friert die Masse ein und löffelt dann die erfrischenden Eiskristalle. Auch im Restaurant schaut Anne, die gelernte Köchin, genauer hin: „Ich bitte bei der Bestellung zum Beispiel darum, bei der Zubereitung von Gemüse nur wenig Öl oder Butter zu verwenden."

Ihr Mann ist super stolz auf seine schlanke Frau, die so viel mehr Selbstbewusstsein entwickelt hat.
Und auch die Kinder Isabel, 6 Jahre, und Henry, 2 Jahre, machen der Mama Komplimente, kochen und backen mit ihr, am liebsten einen leckeren Nudelauflauf mit ganz viel Gemüse. Den Nachwuchs bezieht Anne gerne in die Kochaktivitäten mit ein: So lernen die Kinder von klein auf den Umgang mit gesunden Lebensmitteln. Auch das gemeinsame Essen ist der Familie wichtig. Auf Mahlzeiten einfach zu verzichten, käme für Anne nicht in Frage: „Wenn ich kein ordentliches Frühstück esse, bekomme ich schnell schlechte Laune ..."

Anne, nachher, Abnahme: 22 kg

MEDITERRANER
Reissalat mit Gemüse

pro Person **10** ProPoints Wert

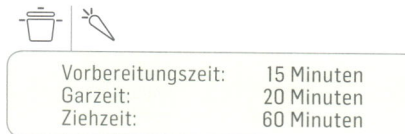

Vorbereitungszeit: 15 Minuten
Garzeit: 20 Minuten
Ziehzeit: 60 Minuten

Für 2 Personen:

160 g trockener Langkornreis
Salz
2 kleine Zucchini
200 g Cocktailtomaten
200 g Champignons
2 TL Olivenöl
Pfeffer
1/4 Bund Oregano
100 ml Gemüsebrühe (1/2 TL Instantpulver)
1–2 EL heller Balsamicoessig
20 g Parmesan

1. Reis nach Packungsanweisung in Salzwasser garen und abkühlen lassen. Zucchini und Cocktailtomaten waschen. Zucchini längs halbieren und in dünne Scheiben schneiden. Champignons trocken abreiben und in Scheiben schneiden.

2. Öl in einer Pfanne erhitzen und Zucchini- und Champignonscheiben darin ca. 5 Minuten anbraten. Cocktailtomaten zufügen und ca. 3 Minuten mitbraten. Salzen, pfeffern, zur Seite stellen und abkühlen lassen. Für das Dressing Oregano waschen, trocken schütteln und Blättchen hacken. Mit Brühe und Balsamicoessig verrühren und mit Salz und Pfeffer abschmecken.

3. Reis mit Gemüse und Dressing gut vermischen und ca. 1 Stunde ziehen lassen. Parmesan in Späne hobeln und mediterranen Reissalat mit Parmesanhobeln garniert servieren.

COUSCOUS-GEMÜSE-
Salat

pro Person **5** ProPoints Wert

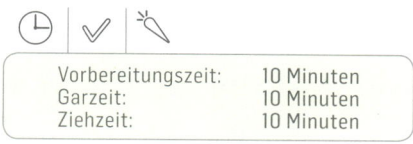

Vorbereitungszeit: 10 Minuten
Garzeit: 10 Minuten
Ziehzeit: 10 Minuten

Für 1 Person:

40 g trockener Couscous
250 ml Gemüsebrühe (1 TL Instantpulver)
150 g Broccoliröschen
Salz
1 Lauchzwiebel
1/2 gelbe Paprikaschote
1 Tomate
2 EL Zitronensaft
1 TL Pflanzenöl
2 EL Gemüsebrühe (1 Prise Instantpulver)
2 EL Tomatensaft
Pfeffer
Worcestersauce

1. Couscous nach Packungsanweisung in Brühe garen. Broccoliröschen in kochendem Salzwasser ca. 2 Minuten blanchieren, mit kaltem Wasser abschrecken und abtropfen lassen. Lauchzwiebel waschen und in Ringe schneiden. Paprika und Tomate waschen, Paprika entkernen und beides würfeln.

2. Für das Dressing Zitronensaft mit Öl, Brühe und Tomatensaft verrühren und mit Salz, Pfeffer und Worcestersauce würzen. Alle Zutaten mit dem Dressing vermischen, kurz ziehen lassen und servieren.

HÄHNCHEN-AVOCADO-
Salat

pro Person

Vorbereitungszeit:	20 Minuten
Garzeit:	10 Minuten

Für 2 Personen:

240 g Hähnchenbrustfilet
1 TL Pflanzenöl
1/2 TL Chilipulver
Salz
125 g Eichblattsalat
3 Tomaten
1/2 Avocado (50 g Fruchtfleisch)
1 kleine Mango
1 EL heller Balsamicoessig
1 EL gehackte Petersilie
40 ml Wasser
Pfeffer

1. Hähnchenbrustfilet abspülen, trocken tupfen, in Streifen schneiden und wellenförmig auf Holzspieße stecken. Öl mit Chilipulver und Salz verrühren und Hähnchenspieße damit bestreichen. Eine Pfanne erhitzen, Hähnchenspieße darin ohne weitere Fettzugabe ca. 4 Minuten von allen Seiten braten und zur Seite stellen.

2. Eichblattsalat waschen, trocken schleudern und in mundgerechte Stücke zerteilen. Tomaten waschen und würfeln. Avocado vierteln, den Stein entfernen, Avocado schälen und Fruchtfleisch in Spalten schneiden.

3. Für das Dressing Mango schälen, Fruchtfleisch vom Stein schneiden und würfeln. Mangowürfel mit Balsamicoessig, Petersilie und Wasser pürieren. Mit Salz und Pfeffer würzen. Eichblattsalat mit Tomatenwürfeln und Avocadospalten anrichten, mit Dressing beträufeln und mit Hähnchenspießen servieren.

KÄSE-TRAUBEN-
Salat

pro Person
9 ProPoints Wert

Vorbereitungszeit: 10 Minuten

Für 1 Person:

2 Scheiben Edamer, 30 % Fett i. Tr.
250 g rote Weintrauben (ersatzweise weiße)
1/2 kleiner Eisbergsalat
150 g Magermilchjoghurt
1–2 EL Balsamicoessig
Salz
Pfeffer
1 Prise Kümmel
1 Prise Zucker
1 Vollkornbrötchen

1. Edamerscheiben in Streifen schneiden. Trauben waschen und 100 g halbieren. Käsestreifen und Traubenhälften mischen. Eisbergsalat waschen, trocken schleudern und in mundgerechte Stücke zerteilen. Salatzutaten mischen und in einen gut schließenden Behälter verpacken.

2. Joghurt mit Balsamicoessig, Salz, Pfeffer, Kümmel und Zucker würzen. Dressing separat verpacken und kurz vor dem Servieren unter den Käsesalat heben. Brötchen in Scheiben schneiden und mit restlichen Trauben zum Salat servieren.

BAUERNSALAT
mit Schafskäse

pro Person
5 ProPoints Wert

Vorbereitungszeit: 20 Minuten

Für 2 Personen:

1/2 Salatgurke
3 Tomaten
3 milde grüne Peperoni (Konserve, ohne Öl)
1 rote Zwiebel
100 g Schafskäse light
6 schwarze Oliven, ohne Stein
1 kleine Knoblauchzehe
125 g fettarmer Joghurt
2 EL Weißweinessig
Salz
Pfeffer
1/2 TL gehackter Oregano

1. Gurke und Tomaten waschen, Gurke in Scheiben und Tomaten in Spalten schneiden. Peperoni abtropfen lassen, Zwiebel schälen und mit Peperoni in Ringe schneiden. Schafskäse würfeln. Gurkenscheiben mit Tomatenspalten, Peperoni- und Zwiebelringen, Schafskäsewürfeln und Oliven vermengen.

2. Knoblauch pressen. Für das Dressing Joghurt mit Essig und Knoblauch verrühren, mit Salz, Pfeffer und Oregano würzen. Bauernsalat mit Dressing beträufeln und servieren.

TUNFISCHSALAT
mit Pizzabrot

pro Person

| Vorbereitungszeit: | 15 Minuten |
| Backzeit: | 10–15 Minuten |

Für 2 Personen:

100 g Pizzateig (Fertigteig)
2 TL Olivenöl
1 TL grobes Meersalz (ersatzweise 1 TL normales Salz)
1 TL getrockneter Oregano
1 kleine Zwiebel
2 Tomaten
1 Dose Tunfisch, im eigenen Saft (150 g Abtropfgewicht)
2 EL weiße Bohnen (Konserve)
2 Blätter Salbei
1 Knoblauchzehe
2 EL Zitronensaft
2 EL Gemüsebrühe (2 Prisen Instantpulver)
Salz
Pfeffer
1/2 unbehandelte Zitrone

1. Backofen auf 180° C (Gas: Stufe 2, Umluft: 160° C) vorheizen. Pizzateig ausrollen und auf ein mit Backpapier ausgelegtes Backblech legen. Teig mit 1 Teelöffel Öl bestreichen, mit Salz und Oregano bestreuen und im Backofen auf mittlerer Schiene ca. 10–15 Minuten backen.

2. Zwiebel schälen und in Ringe schneiden. Tomaten waschen und würfeln. Tunfisch und Bohnen abtropfen lassen und mit Zwiebelringen und Tomatenwürfeln mischen. Salbei waschen, trocken schütteln, fein hacken und untermischen. Knoblauch pressen, mit Zitronensaft, restlichem Öl und Brühe zu einem Dressing verrühren und mit Salz und Pfeffer würzen. Salatzutaten mit Dressing vermischen.

3. Pizzabrot herausnehmen und in Streifen, Zitronenhälfte in Scheiben schneiden. Tunfischsalat mit Zitronenscheiben garnieren und mit Pizzabrot servieren.

FELDSALAT MIT
Frischkäse-Lachs-Creme

pro Person
9 ProPoints Wert

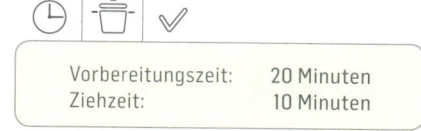

| Vorbereitungszeit: | 20 Minuten |
| Ziehzeit: | 10 Minuten |

Für 2 Personen:

1/2 Salatgurke
Salz
1/4 Bund Schnittlauch
100 g Räucherlachs
100 g Frischkäse, bis 1 % Fett absolut
50 g fettarmer Joghurt
1/2 TL Tafelmeerrettich (Glas)
Pfeffer
2 EL Balsamicoessig
2 TL Pflanzenöl
1 TL Honig
1 TL Rosinen
2 Vollkornbrötchen
75 g Feldsalat

1. 1/4 Gurke waschen, raspeln, mit Salz würzen und ca. 10 Minuten ziehen lassen. Schnittlauch waschen, trocken schütteln und in Ringe schneiden. Lachs in feine Streifen schneiden. Frischkäse, Joghurt und Meerrettich verrühren. Gurkenraspel gut ausdrücken, mit Schnittlauchringen und 2/3 der Räucherlachsstreifen unterheben und mit Salz und Pfeffer abschmecken.

2. Für das Dressing Essig mit Öl, Honig und Rosinen verrühren und mit Salz und Pfeffer abschmecken. Restliche Salatgurke und Brötchen in Scheiben schneiden. Feldsalat waschen, trocken schleudern, auf Tellern anrichten und mit Dressing beträufeln. Lachscreme mit restlichen Lachsstreifen und Gurken-scheiben garnieren, mit Brötchenscheiben zum Feldsalat servieren.

KRABBEN-RUCOLA-
Salat

pro Person

4 ProPoints Wert ®

Vorbereitungszeit: 15 Minuten

Tipp:
Servieren Sie dazu pro Person 1 Scheibe Kräuter-
baguette. Dafür 2 Scheiben Baguette rösten.
2 TL Halbfettbutter mit 1 TL gemischten gehackten Kräutern, Salz und Pfeffer verrühren. Baguette
damit bestreichen. Der *ProPoints*® Wert pro
Person erhöht sich auf 7.

Für 2 Personen:

2 Knoblauchzehen
2 TL Olivenöl
3 EL Zitronensaft
50 ml Gemüsebrühe (2 Prisen Instantpulver)
2 EL gehackte glatte Petersilie
Salz
Pfeffer
Chiliflocken (ersatzweise Chilipulver)
500 g Cocktailtomaten
150 g Rucola
300 g küchenfertige Krabben
einige Tropfen flüssiger Süßstoff

1. Knoblauch pressen, mit Olivenöl, Zitronensaft, Brühe und Petersilie verrühren und mit
Salz, Pfeffer und Chiliflocken würzen.

2. Cocktailtomaten waschen und halbieren,
Rucola waschen, trocken schleudern und in
mundgerechte Stücke zerteilen. Tomaten-
hälften und Rucola mit Krabben und Dressing
vermischen. Mit Salz, Pfeffer und Süßstoff
abschmecken und Krabben-Rucola-Salat
servieren.

EIER-LAUCH-
Salat

pro Person

9 ProPoints Wert®

| Vorbereitungszeit: | 20 Minuten |
| Garzeit: | 12 Minuten |

Für 2 Personen:

4 Eier
2 Stangen Lauch
Salz
6 Scheiben Geflügelbrustaufschnitt, geräuchert
1 Glas Ananasstücke, ohne Zucker
    (340 g Abtropfgewicht)
50 ml Ananassaft
150 g Magermilchjoghurt
50 g Salatcreme, bis 10 % Fett
1 Päckchen Fix für Salatsauce
Currypulver
Pfeffer

1. Eier in kochendem Wasser ca. 10 Minuten hart kochen, abschrecken, pellen und in Scheiben schneiden. Lauch waschen und in dünne Ringe schneiden. Lauchringe in kochendem Salzwasser ca. 2 Minuten blanchieren, abtropfen lassen und abschrecken.

2. Geflügelbrustaufschnitt in Streifen schneiden. Ananasstücke abtropfen lassen, Saft dabei auffangen und 50 ml abmessen. Ananasstücke mit den restlichen Salatzutaten mischen.

3. Joghurt mit Ananassaft, Salatcreme und Salatfix verrühren und mit Currypulver verfeinern. Mit Salz und Pfeffer abschmecken, über den Salat geben und servieren.

KARTOFFELSALAT
mit Rucola

pro Person
4 ProPoints Wert

Vorbereitungszeit:	15 Minuten
Garzeit:	20–25 Minuten
Ziehzeit:	10 Minuten

Für 2 Personen:

300 g festkochende Kartoffeln
Salz
3 getrocknete Tomaten, ohne Öl
125 ml Gemüsebrühe (1/2 TL Instantpulver)
1 Knoblauchzehe
1 TL Tomatenmark
1 TL Olivenöl
1–2 EL Balsamicoessig
5 grüne Oliven, pur, ohne Stein
2 Tomaten
Pfeffer
75 g Rucola

1. Kartoffeln waschen und mit Schale in Salzwasser ca. 20–25 Minuten garen. Getrocknete Tomaten in Würfel schneiden und in heißer Brühe ca. 10 Minuten einweichen. Knoblauch pressen und mit Tomatenwürfeln samt Brühe, Tomatenmark, Öl und Essig verrühren. Oliven in Ringe schneiden. Tomaten waschen, entkernen, fein würfeln und beides zum Dressing geben. Dressing mit Salz und Pfeffer abschmecken.

2. Kartoffeln abgießen, pellen, in Scheiben schneiden und mit dem Dressing verrühren. Rucola waschen, trocken schleudern und in mundgerechte Stücke zerteilen. Unter den Kartoffelsalat mischen und lauwarm servieren.

Variante
Italienischer Kartoffelsalat mit Tunfisch:
Dafür 1/2 Dose Tunfisch im eigenen Saft (75 g Abtropfgewicht) abtropfen lassen und unter den Kartoffelsalat mischen. Der *ProPoints*® Wert pro Person erhöht sich auf 5.

BLITZGESCHNETZELTES
mit Nudeln

pro Person

| Vorbereitungszeit: | 10 Minuten |
| Garzeit: | 15 Minuten |

Für 2 Personen:

100 g trockene Nudeln (z. B. Fusilli)
Salz
240 g Schweine-Minutenschnitzel
1 Zwiebel
100 g Gewürzgurken (Konserve)
2 TL Pflanzenöl
400 g grüne Bohnen (Konserve)
1 TL Tomatenmark
1 Beutel Weight Watchers Rahmsauce
300 ml Wasser
1 EL Senf
Pfeffer

1. Nudeln nach Packungsanweisung in Salzwasser garen. Minutenschnitzel trocken tupfen, Zwiebel schälen und mit Gewürzgurken in Streifen schneiden. Öl in einer Pfanne erhitzen, Schnitzel- und Zwiebelstreifen darin ca. 5 Minuten anbraten. Bohnen abtropfen lassen, mit Gewürzgurkenstreifen zufügen und Tomatenmark einrühren.

2. Rahmsauce nach Packungsanweisung mit 200 ml Wasser zubereiten, mit restlichem Wasser in die Pfanne geben und Geschnetzeltes ca. 5–10 Minuten garen. Mit Senf verfeinern und mit Salz und Pfeffer abschmecken. Nudeln abgießen und mit Blitzgeschnetzeltem servieren.

Tipp:
Sie können auch tiefgefrorene grüne Bohnen verwenden. Blanchieren Sie die Bohnen zuerst ca. 5 Minuten in Salzwasser und bereiten Sie das Geschnetzelte wie oben angegeben zu. Der *ProPoints* ® Wert pro Person ändert sich nicht.

KAROTTEN-INGWER-PÜREE
mit Steak

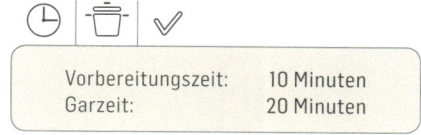

pro Person

Vorbereitungszeit:	10 Minuten
Garzeit:	20 Minuten

Für 2 Personen:

200 g mehligkochende Kartoffeln
500 g Karotten
500 ml Gemüsebrühe (1 EL Instantpulver)
2 Rindersteaks (à 150 g)
Salz
bunter Pfeffer
1 TL Pflanzenöl
50 ml heiße fettarme Milch
1/2 TL geriebener Ingwer

1. Kartoffeln und Karotten schälen und in Würfel schneiden. In Brühe ca. 15 Minuten garen. Rindersteaks trocken tupfen, mit Salz und Pfeffer würzen. Öl in einer Pfanne erhitzen und Steaks darin ca. 3–5 Minuten von jeder Seite braten.

2. Karotten- und Kartoffelwürfel abgießen, mit Milch grob zerstampfen und mit Ingwer und Salz würzen. Karotten-Ingwer-Püree mit Steaks servieren und nach Wunsch mit Thymian und rosa Pfefferbeeren garnieren.

SPAGHETTI
mit Lachsspinat

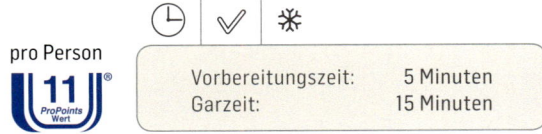

pro Person
11 ProPoints Wert

Vorbereitungszeit:	5 Minuten
Garzeit:	15 Minuten

Für 2 Personen:

120 g trockene Spaghetti
Salz
450 g Blattspinat (TK)
2 EL Wasser
150 g Lachsfilet
50 ml Weißwein
1/2 Zitrone
100 ml fettarme Milch
1 TL Saucenbinder
Pfeffer
1 Prise geriebene Muskatnuss

1. Spaghetti nach Packungsanweisung in Salzwasser garen. Gefrorenen Spinat mit Wasser in einen Topf geben und zugedeckt ca. 10 Minuten dünsten. Lachsfilet abspülen, trocken tupfen und in Würfel schneiden.

2. Spinat mit Weißwein verfeinern. Lachswürfel vorsichtig unterheben und ca. 5 Minuten ohne Deckel garen. Zitronenhälfte auspressen. Milch zum Spinat geben, aufkochen und Saucenbinder einrühren. Lachsspinat mit Salz, Pfeffer, 1 Teelöffel Zitronensaft und Muskatnuss würzen. Nudeln abgießen, unterheben und servieren.

GARNELEN-COUSCOUS- ▷
Pfanne

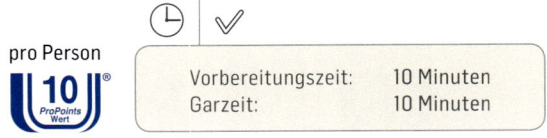

pro Person
10 ProPoints Wert

Vorbereitungszeit:	10 Minuten
Garzeit:	10 Minuten

Für 1 Person:

150 g küchenfertige Garnelen
2 Lauchzwiebeln
je 1 kleine rote und gelbe Paprika
1 kleine Knoblauchzehe
1 TL Pflanzenöl
1/2 TL Currypulver
Salz
Pfeffer
60 g trockener Couscous
200 ml Gemüsebrühe (1 TL Instantpulver)
1/2 Zitrone
1 TL gehacktes Basilikum

1. Garnelen abspülen und trocken tupfen. Lauchzwiebeln waschen und in grobe Ringe schneiden. Paprika waschen, entkernen und würfeln. Knoblauch pressen. Öl in einer Pfanne erhitzen. Garnelen mit Knoblauch darin ca. 2 Minuten rundherum braten. Lauchzwiebelringe und Paprikawürfel zufügen und ca. 1 Minute mitbraten. Mit Currypulver, Salz und Pfeffer würzen.

2. Couscous zufügen und kurz anschwitzen. Mit Brühe ablöschen und ca. 5 Minuten quellen lassen, dabei gelegentlich umrühren. Zitronenhälfte auspressen. Garnelen-Couscous-Pfanne mit Basilikum und 1 Teelöffel Zitronensaft verfeinern, mit Salz und Pfeffer abschmecken und servieren.

MINIKNÖDEL
mit italienischem Gemüse

pro Person

| Vorbereitungszeit: | 5 Minuten |
| Garzeit: | 15 Minuten |

Für 2 Personen:

200 g Miniknödel
Salz
1 Schalotte
2 TL Olivenöl
500 g italienische Gemüsemischung (TK)
100 g weiße Bohnen (Konserve)
Pfeffer
1 EL italienische Kräuter (TK)
250 ml Tomatensaft
1 Prise Zucker

1. Miniknödel nach Packungsanweisung in Salzwasser garen. Schalotte schälen und in Würfel schneiden. Öl in einem Topf erhitzen und Schalotten-würfel mit Gemüse darin ca. 5 Minuten anbraten. Bohnen zugeben, mit Salz, Pfeffer und Kräutern würzen und mit Tomatensaft ablöschen.

2. Gemüse ca. 10 Minuten köcheln lassen, mit Zucker verfeinern und mit Salz und Pfeffer abschmecken. Miniknödel abgießen und mit italienischem Gemüse servieren.

GEFLÜGEL-PITA
mit Salat

pro Stück

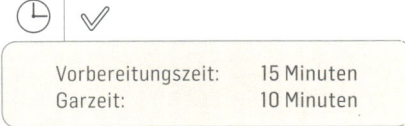

Vorbereitungszeit:	15 Minuten
Garzeit:	10 Minuten

Für 2 Stück:

180 g Putenschnitzel
Salz
Pfeffer
1/2 TL Kreuzkümmel
1 TL Pflanzenöl
125 g fettarmer Joghurt
1/4 TL Wasabipaste (ersatzweise Sambal Oelek)
1 TL heller Balsamicoessig
2 Pitataschen
1/2 Eisbergsalat
1 rote Paprika
50 g Mungobohnensprossen (ersatzweise Konserve)
1/2 Papaya

1. Putenschnitzel abspülen, trocken tupfen und in Würfel schneiden. Mit Salz, Pfeffer und Kreuzkümmel würzen. Öl in einer Pfanne erhitzen und Putenschnitzelwürfel darin ca. 7 Minuten rundherum braten. Joghurt mit Wasabi und Balsamicoessig verrühren und mit Salz abschmecken. Pitataschen mit der Creme ausstreichen. Restliche Creme zur Seite stellen.

2. Eisbergsalat waschen, trocken schleudern und in mundgerechte Stücke zerteilen. Paprika waschen, entkernen und in Stücke schneiden. Mungobohnensprossen waschen und gut abtropfen lassen. Papaya schälen, vierteln, Kerne mit einem Löffel entfernen und Papaya in kleine Würfel schneiden. Eisbergsalatstreifen mit Mungobohnensprossen, Paprika-, Putenschnitzel- und Papayawürfeln vermischen. In die Pitataschen füllen. Restliche Füllung mit restlicher Creme als Salat zur Geflügel-Pita servieren.

Tipp:
Wenn es schnell gehen soll, können Sie auch 150 g gebratene Putenfiletstreifen (Fertigprodukt) verwenden. Der *ProPoints* ® Wert pro Stück ändert sich nicht.

Kein Erfolg mit Diäten

Als Christoph (43) Mitte 2009 das Rauchen aufgab, hatte er bereits leichtes Übergewicht. Nun kamen noch mehr Pfunde hinzu. Eine Zeit lang konnte der Rechtsanwalt einen Bogen um die Waage machen. Doch irgendwann wurde ihm klar: „Ich muss etwas ändern – es reicht!"

Christoph, vorher

Wie bei vielen Ex-Rauchern stieg auch bei Christoph das Gewicht stetig. „Im Nachhinein betrachtet war das auch kein Wunder – bei dem plötzlichen Heißhunger auf Schokolade und was sonst noch so dick macht. Die Waage wurde zu meinem absoluten No-Go-Gerät", berichtet der 43-jährige Rechtsanwalt aus Quedlinburg. Er fühlte sich unwohl in seiner Haut, schaffte es aber nicht, der Zunahme entgegenzusteuern. „Ich probierte zahlreiche Diäten, doch keine brachte den erhofften Erfolg." Resignation machte sich breit.

Initialzündung durch einen Bekannten

Per Zufall erfuhr er, dass ein Bekannter mit **Weight Watchers** in kurzer Zeit 6 kg abgenommen hatte – ohne sich allzu sehr einzuschränken. „Das war die Initialzündung für mich", erzählt Christoph rückblickend. Kurzerhand besuchte er ein Treffen in seiner Nähe. „Das erste Mal auf der Waage war ein Schock." Also ran an den *ProPoints*® Plan: „So schwer, wie ich es mir anfangs vorgestellt hatte, war es dann gar nicht. Schließlich darf man alles essen und muss nicht hungern. Was für ein Unterschied zu einer Diät!"
Als Rechtsanwalt ist Christoph viel unterwegs. Trotzdem war es ihm wichtig, sich in den Treffen regelmäßig zu wiegen. So besuchte er auch bei Business-Terminen in Baden-Baden oder Dresden die **Weight Watchers** Treffen. „Das Wiegen war jedes Mal eine große Motivation für mich." Nebenbei trug er sein aktuelles Gewicht auch immer in den Programm-Manager im @ssistent ein, um den vollen Überblick zu haben."

Heute wieder so schlank wie vor 15 Jahren

Nach etwas mehr als 6 Monaten erreichte Christoph sein persönliches Wunschgewicht. „Sport und **Weight Watchers** sind einfach eine optimale Kombination." Heute geht der 43-Jährige regelmäßig ins Fitnessstudio und hält sich dort mit Spinning und Body Pump fit. „Mein wiederentdecktes Interesse an Sport hat mich bei meiner Abnahme enorm unterstützt. Je leichter man wird, desto leichter fällt auch der Sport." Und auch in der Küche weht nun ein neuer Wind: Statt Schweinefleisch landet heute häufiger Hähnchenbrustfilet in der Pfanne. Und auch seine Leidenschaft für Gemüse hat Christoph erst durch die leckeren **Weight Watchers** Rezepte entdeckt: „Broccoli, Blumenkohl, Zucchini und Auberginen habe ich heute fast immer im Haus." Davon profitiert auch seine Frau, die ganz nebenbei 10 kg abgenommen hat.

Christophs Erfolgstipps

„Gehen Sie in die Treffen!"

„Nutzen Sie den **Weight Watchers** @ssistent!"

„Bewegen Sie sich!"

Christoph, nachher, Abnahme: 26 kg

SESAMSCHNITZEL
mit Wokgemüse

pro Person

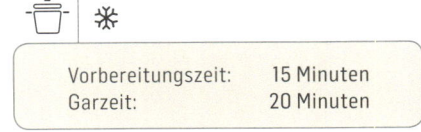

Vorbereitungszeit:	15 Minuten
Garzeit:	20 Minuten

Für 2 Personen:

80 g trockener Basmatireis
Salz
2 Schweineschnitzel (à 120 g)
2 EL Curryketchup
1 TL Honig
1/2 TL geriebener Ingwer
2 TL Sesam
3 TL Sesamöl (ersatzweise Pflanzenöl)
400 g Chinagemüse (TK)
1 EL Sojasauce
1 Prise Chinagewürz

1. Reis nach Packungsanweisung in Salzwasser garen. Schnitzel trocken tupfen. Ketchup mit Honig, Ingwer und Sesam verrühren und Schnitzel damit bestreichen. 2 Teelöffel Öl in einer Pfanne erhitzen und Sesamschnitzel darin ca. 5 Minuten von jeder Seite braten.

2. Restliches Öl in einem Wok oder einer Pfanne erhitzen und Chinagemüse darin ca. 10 Minuten braten. Mit Sojasauce und Chinagewürz abschmecken. Sesamschnitzel mit Reis und Gemüse servieren.

KARTOFFELPFANNE
Kreta

pro Person

9 ProPoints Wert®

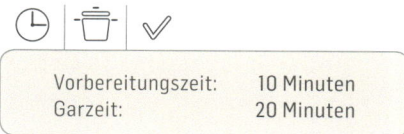

Vorbereitungszeit:	10 Minuten
Garzeit:	20 Minuten

Für 2 Personen:

280 g Schweinefilet (ersatzweise Schweineschnitzel)
1 TL Pflanzenöl
2 EL Gyrosgewürz
400 g festkochende Kartoffeln
125 ml Gemüsebrühe (1/2 TL Instantpulver)
4 Tomaten
Salz
Pfeffer
120 g Krautsalat, ohne Sahne

1. Schweinefilet trocken tupfen und in Streifen schneiden. Öl in einer Pfanne erhitzen und Filetstreifen darin ca. 5 Minuten rundherum anbraten. Mit Gyrosgewürz würzen und herausnehmen.

2. Kartoffeln schälen und in Würfel schneiden. Im Bratensatz kurz anbraten, mit Brühe ablöschen und ca. 15 Minuten garen. Tomaten waschen, vierteln und mit den Filetstreifen unter die Kartoffeln heben. Kartoffelpfanne mit Salz und Pfeffer abschmecken und mit Krautsalat servieren.

Tipp:
Bestreuen Sie die Kartoffelpfanne zusätzlich mit 120 g Schafskäse light in Würfeln. Der *ProPoints*® Wert pro Person erhöht sich auf 12.

BLITZPIZZA
Salami

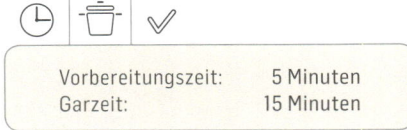

pro Person

Vorbereitungszeit: 5 Minuten
Garzeit: 15 Minuten

Für 1 Person:

1 großer Tortillafladen (70 g)
1 TL Tomatenmark
1 EL Wasser
1/4 TL gehackter Oregano
Salz
Pfeffer
2 Scheiben Salami
1 gelbe Paprika
2 Lauchzwiebeln
1 EL geriebener Käse, 30 % Fett i. Tr.
1 TL gehacktes Basilikum

1. Backofen auf 200° C (Gas: Stufe 3, Umluft: 180° C) vorheizen. Tortilla auf ein mit Backpapier ausgelegtes Backblech legen. Tomatenmark mit Wasser verrühren, mit Oregano, Salz und Pfeffer würzen und Tortilla damit bestreichen. Salami in Streifen schneiden und auf der Tortilla verteilen. Paprika waschen, entkernen und in Streifen schneiden. Lauchzwiebeln waschen und in Stücke schneiden.

2. Paprikastreifen und Lauchzwiebelstücke auf der Pizza verteilen. Mit Käse bestreuen und im Backofen auf mittlerer Schiene ca. 12–15 Minuten backen. Blitzpizza mit Basilikum bestreut servieren.

Variante 1
Blitzpizza Rucola und Schinken:
Belegen Sie die Pizza mit 1 Scheibe Parmaschinken in Streifen, 1 kleinen Zwiebel in Ringen und 1 Tomate in Scheiben. Blitzpizza wie oben beschrieben mit Käse überbacken. Fertige Pizza mit 1 Handvoll Rucola bestreut servieren. Der *ProPoints®* Wert pro Person reduziert sich auf 7.

Variante 2
Blitzpizza Tonno:
Belegen Sie die Pizza mit 2 EL Tunfisch, im eigenen Saft, 1 TL Kapern und 1 Zwiebel in Ringen. Blitzpizza wie oben beschrieben mit Käse überbacken. Mit frischem Pfeffer würzen und servieren. Der *ProPoints®* Wert pro Person ändert sich nicht.

GORGONZOLA-SPINAT-
Hähnchen

pro Person

Vorbereitungszeit:	15 Minuten
Garzeit:	15 Minuten

Für 1 Person:

300 g Blattspinat (TK)
80 g Hähnchenbrustfilet
1 Zwiebel
1 Knoblauchzehe
1 TL Pflanzenöl
Salz
Pfeffer
30 g Gorgonzola, 55 % Fett i. Tr.
100 ml Gemüsebrühe (1/2 TL Instantpulver)
40 g trockene Penne
1 kleine Birne
1 EL Schmand
1 Prise geriebene Muskatnuss
1/4 TL rosa Pfefferbeeren

1. Spinat in der Mikrowelle auftauen lassen und gut ausdrücken. Hähnchenbrustfilet abspülen, trocken tupfen und in Streifen schneiden. Zwiebel schälen
und würfeln. Knoblauch pressen.

2. Öl in einer Pfanne erhitzen, Hähnchenbruststreifen und Zwiebelwürfel mit
Knoblauch darin ca. 3 Minuten rundherum anbraten, salzen und pfeffern.
Gorgonzola würfeln, mit Spinat und Brühe zugeben und ca. 8 Minuten garen.
Penne nach Packungsanweisung in Salzwasser garen.

3. Birne waschen, vierteln, entkernen und in Stücke schneiden. Birnenstücke
zum Gorgonzola-Spinat-Hähnchen geben und kurz mitgaren. Mit Schmand
verfeinern, mit Salz, Pfeffer und Muskatnuss abschmecken. Penne abgießen
und Gorgonzola-Spinat-Hähnchen mit Pfefferbeeren bestreut mit Penne
servieren.

- sehr gut!

ROTBARSCH
mit grüner Sauce

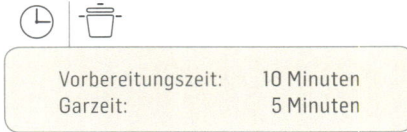

pro Person

Vorbereitungszeit:	10 Minuten
Garzeit:	5 Minuten

Für 2 Personen:

600 g Tomaten
1 Schalotte
1 EL heller Balsamicoessig
2 EL Gemüsebrühe (1 Prise Instantpulver)
5 EL gemischte gehackte Kräuter
2 TL Pflanzenöl
Salz
Pfeffer
1/2 Zitrone
2 Rotbarschfilets (à 125 g)
150 g Magermilchjoghurt
3 EL Crème légère
1 Baguettebrötchen

1. Für den Tomatensalat Tomaten waschen und in Spalten schneiden. Schalotte schälen und in Ringe schneiden. Balsamicoessig mit Brühe, Schalottenringen, 1 Esslöffel Kräutern und 1 Teelöffel Öl verrühren. Salzen, pfeffern und unter die Tomaten heben.

2. Zitronenhälfte auspressen. Rotbarschfilets abspülen und trocken tupfen. Mit 1 Teelöffel Zitronensaft, Salz und Pfeffer würzen. Restliches Öl in einer Pfanne erhitzen und Rotbarschfilets darin ca. 3 Minuten von jeder Seite braten.

3. Restliche Kräuter mit Joghurt, Crème légère und 1 Teelöffel Zitronensaft pürieren. Mit Salz und Pfeffer abschmecken. Baguettebrötchen in Scheiben schneiden, mit Rotbarschfilets, grüner Sauce und Tomatensalat servieren.

Variante
Meerrettichsauce:
Verrühren Sie 150 g Magermilch-joghurt, 3 EL Crème légère, 1 TL Zitronensaft, 1 EL Tafelmeerrettich (Glas), 1 TL Honig und 1 TL Petersilie miteinander. Der *ProPoints*® Wert pro Person ändert sich nicht.

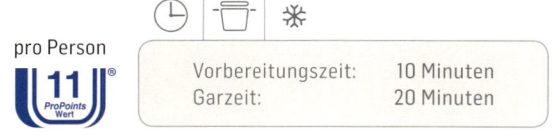

INDISCHE HACKFLEISCH-
Curry-Pfanne

🕐 🍲 ❄️

pro Person

11 ProPoints Wert

| Vorbereitungszeit: | 10 Minuten |
| Garzeit: | 20 Minuten |

Für 2 Personen:

120 g trockener Jasminreis
Salz
1 Bund Lauchzwiebeln
1 Knoblauchzehe
1 TL Pflanzenöl
180 g Geflügelhackfleisch
(aus Hähnchenbrustfilet, ersatzweise Tatar)
1 TL Currypulver
150 ml Geflügelbrühe (1/2 TL Instantpulver)
70 ml Kokosmilch
3 Tomaten
100 g Ananas (frisch)
1 EL gehackter Koriander
Pfeffer

1. Reis nach Packungsanweisung in Salz-wasser garen. Lauchzwiebeln waschen und in Ringe schneiden, Knoblauch pressen. Öl in einer Pfanne erhitzen und Hackfleisch darin anbraten.

2. Lauchzwiebelringe und Knoblauch zugeben und mitbraten. Currypulver dazugeben und kurz anrösten. Mit Brühe und Kokosmilch ablöschen und ca. 10 Minuten garen.

3. Tomaten waschen und mit Ananas in Würfel schneiden, zum Hackfleisch geben und ca. 5 Minuten mitgaren. Koriander unter-rühren und mit Salz, Pfeffer und Currypulver abschmecken. Indische Hackfleisch-Curry-Pfanne mit Reis servieren.

PAPRIKA-HÄHNCHEN-
Pfanne

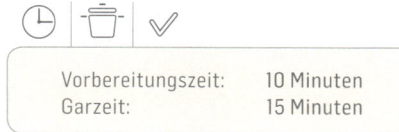

pro Person

11
ProPoints
Wert

Vorbereitungszeit: 10 Minuten
Garzeit: 15 Minuten

Für 1 Person:

60 g trockene Vollkornnudeln
Salz
1 Zwiebel
je 1 kleine rote, grüne und gelbe Paprika
120 g Hähnchenbrustfilet
1 TL Pflanzenöl
Pfeffer
Chilipulver
1/2 TL gehackter Oregano
50 ml Gemüsebrühe (2 Prisen Instantpulver)
1 EL Schmand

1. Nudeln nach Packungsanweisung in Salzwasser garen. Zwiebel schälen, Paprika waschen und entkernen und alles in Streifen schneiden. Hähnchenbrustfilet abspülen, trocken tupfen und in Streifen schneiden.

2. Öl in einer Pfanne erhitzen und Hähnchenstreifen darin ca. 2–3 Minuten rundherum braten. Salzen, pfeffern und herausnehmen. Zwiebel- und Paprikastreifen im Bratensatz ca. 3 Minuten braten. Mit Salz, Pfeffer, Chili und Oregano würzen. Brühe angießen und ca. 5 Minuten köcheln lassen.

3. Nudeln abgießen, mit Hähnchenstreifen unter das Gemüse rühren und kurz darin erwärmen. Paprika-Hähnchen-Pfanne mit Schmand garniert servieren.

FISCH IM SESAMMANTEL
mit Zucchini

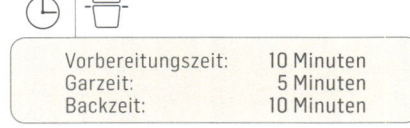

Vorbereitungszeit: 10 Minuten
Garzeit: 5 Minuten
Backzeit: 10 Minuten

Für 2 Personen:

2 Seelachsfilets (à 125 g)
1 EL Zitronensaft
Salz
1 Eiweiß
1 EL Mehl
3 EL Sesam
1 TL Pflanzenöl
2 Lauchzwiebeln
1 Zucchini
100 ml Gemüsebrühe (1/2 TL Instantpulver)
Pfeffer
Chilipulver
2 EL Schmand

1. Backofen auf 180° C (Gas: Stufe 2, Umluft: 160° C) vorheizen. Seelachsfilets abspülen, trocken tupfen, mit Zitronensaft beträufeln und salzen. Eiweiß steif schlagen. Seelachsfilets nacheinander in Mehl, Eiweiß und Sesam wenden.

2. Öl in einer Pfanne erhitzen und Fischfilets darin von jeder Seite kurz anbraten, herausnehmen, in Alufolie einwickeln und im Backofen auf mittlerer Schiene ca. 10 Minuten garen.

3. Lauchzwiebeln waschen und in Ringe schneiden. Zucchini waschen, vierteln, in Stücke schneiden und mit Lauchzwiebelringen im Bratensatz andünsten. Brühe angießen und ca. 5 Minuten garen. Mit Salz, Pfeffer und Chilipulver abschmecken. Zucchini mit einem Klecks Schmand und Sesamfisch servieren.

Tipp:
Servieren Sie dazu pro Person
2 Scheiben Ciabatta. Der *ProPoints*®
Wert pro Person erhöht sich auf 12.

SCHMORTOPF
mit Rinderfilet

pro Person

Vorbereitungszeit: 5 Minuten
Garzeit: 15 Minuten

Für 2 Personen:

100 g Schalotten
200 g Rinderfilet
80 g trockener Minuten-Langkornreis
2 TL Pflanzenöl
50 ml trockener Rotwein
100 ml Rinderfond (ersatzweise Gemüsebrühe)
300 g stückige Tomaten
100 g Erbsen (TK)
1 Lorbeerblatt
1 Nelke
1 Prise Zimtpulver
1 Prise Zucker
Salz
Pfeffer

1. Schalotten schälen und vierteln. Rinderfilet trocken tupfen und in Streifen schneiden. Reis nach Packungsanweisung zubereiten. Öl in einer Pfanne erhitzen, Filetstreifen und Schalottenviertel darin anbraten.

2. Filet-Schalotten-Mischung mit Rotwein und Rinderfond ablöschen, Tomaten, Erbsen, Lorbeerblatt und Nelke zufügen und ca. 10 Minuten köcheln lassen. Mit Zimtpulver, Zucker, Salz und Pfeffer abschmecken, Lorbeerblatt und Nelke entfernen und Schmortopf mit Reis servieren.

HARISSASTEAKS
mit Chili-Joghurt-Sauce

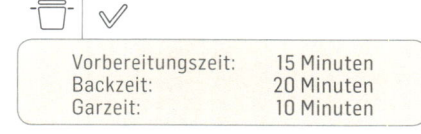

pro Person

Vorbereitungszeit:	15 Minuten
Backzeit:	20 Minuten
Garzeit:	10 Minuten

Für 2 Personen:

1/2 **Bund** Koriander
1 Zwiebel
200 g Tatar
Salz
2 TL Harissa Würzpaste
70 g trockener Minuten-Langkornreis
400 g Karottenwürfel (TK)
125 g Magermilchjoghurt
Chilipulver

1. Backofen auf 180° C (Gas: Stufe 2, Umluft: 160° C) vorheizen. Koriander waschen, trocken schütteln und hacken. Zwiebel schälen und in feine Würfel schneiden. Tatar mit 1 Prise Salz, Harissa, Zwiebelwürfeln und der Hälfte vom Koriander verkneten, zu 4 flachen Hacksteaks formen. Hacksteaks auf ein mit Backpapier ausgelegtes Backblech legen und im Backofen auf mittlerer Schiene ca. 20 Minuten knusprig backen. Zwischendurch einmal wenden.

2. Reis nach Packungsanweisung in Salzwasser garen. Karottenwürfel ca. 5 Minuten vor Ende der Garzeit zugeben und mitgaren. Reis und Karotten abgießen und mit restlichem Koriander mischen. Joghurt mit Salz und Chilipulver abschmecken und zu Karotten-Koriander-Reis und Hacksteaks servieren.

Tipp:
Falls Sie keine Karottenwürfel (TK) bekommen, können Sie auch Karottenscheiben (TK) verwenden.

NUDELN MIT GAMBAS
in Kokos-Chili-Sauce

pro Person

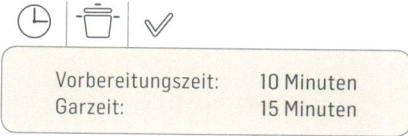

Vorbereitungszeit:	10 Minuten
Garzeit:	15 Minuten

Für 2 Personen:

120 g trockene Nudeln
Salz
1/2 Bund Lauchzwiebeln
2 rote Paprika
1 kleine rote Chilischote
1 TL Pflanzenöl
180 g küchenfertige Gambas
1/2 TL gelbe Currypaste
100 ml Kokosmilch

1. Nudeln nach Packungsanweisung in Salzwasser garen. Lauchzwiebeln, Paprika und Chilischote waschen. Lauchzwiebeln und Chilischote in Ringe schneiden, Paprika entkernen und in Stücke schneiden. Öl in einem Wok oder einer Pfanne erhitzen und Gemüse darin ca. 3–5 Minuten anbraten.

2. Gambas abspülen, trocken tupfen und mit Currypaste zufügen, weitere ca. 5 Minuten braten. Kokosmilch angießen und ca. 5 Minuten köcheln lassen. Nudeln abgießen, unterheben und mit Gambas in Kokos-Chili-Sauce servieren.

Tipp:
Ersetzen Sie die Paprika durch 2 kleine Auberginen. Der *ProPoints®* Wert pro Person ändert sich nicht.

NUDELN MIT PESTO-VARIANTEN
Grünes Pesto

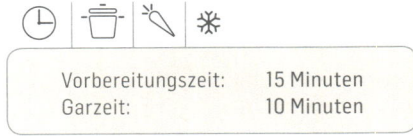

pro Person

Vorbereitungszeit:	15 Minuten
Garzeit:	10 Minuten

Für 2 Personen:

140 g trockene Spaghetti
Salz, Pfeffer
1 EL Pinienkerne
1 Bund Basilikum
1/2 Bund glatte Petersilie
1 Knoblauchzehe
2 EL geriebener Parmesan
2 TL Olivenöl
75 ml Gemüsebrühe (1/2 TL Instantpulver)
1 Kopfsalat
1 Becher Weight Watchers Frisches Balsamico Dressing

1. Spaghetti nach Packungsanweisung in Salzwasser bissfest garen. Pinien-kerne in einer Pfanne fettfrei rösten und einige beiseitelegen.

2. Basilikum und Petersilie waschen und trocken schütteln. Mit Knoblauch grob hacken und mit Pinienkernen, Parmesan, Öl und Brühe cremig pürieren. Pesto mit Salz und Pfeffer abschmecken.

3. Salat waschen, trocken schleudern, in mundgerechte Stücke zerteilen und mit Dressing mischen. Nudeln abgießen, mit Pesto vermischen, mit restlichen Pinienkernen bestreuen und mit Salat servieren.

> **Variante**
> Rotes Pesto:
> 75 g getrocknete Tomaten ohne Öl in Würfel schneiden und in 175 ml heißer Gemüsebrühe (1/2 TL In-stantpulver) einweichen. Tomaten mit Einweichflüssigkeit pürieren, 1 gepresste Knoblauchzehe, 2 TL Olivenöl, 1 TL Tomatenmark und 1 TL Zitronensaft unterrühren, mit Salz, Pfeffer und 1 Prise Zucker abschme-cken und mit getrocknetem Thymian verfeinern. Der ProPoints® Wert pro Person reduziert sich auf 9.

CHILISTEAK
mit Maissalat

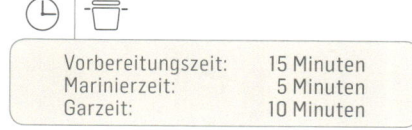

pro Person

Vorbereitungszeit:	15 Minuten
Marinierzeit:	5 Minuten
Garzeit:	10 Minuten

Für 1 Person:

1 Rindersteak (120 g)
1 TL Pflanzenöl
1 TL Sojasauce
1/4 TL Chilipulver
1 Prise Kreuzkümmel
1/4 Eisbergsalat
100 g Mais (Konserve)
1 kleine Zwiebel
75 g Magermilchjoghurt
1 TL Weißweinessig
1 TL Salatcreme, bis 10 % Fett
Salz
Pfeffer
2 Scheiben Baguette

1. Rindersteak trocken tupfen. Öl mit Sojasauce, Chilipulver und Kreuzkümmel vermischen. Steak mit Marinade in einen Gefrierbeutel geben. Gut verkneten und ca. 5 Minuten darin marinieren.

2. Eisbergsalat waschen, trocken schleudern und in mundgerechte Stücke zerteilen. Mais abtropfen lassen. Zwiebel schälen und in Ringe schneiden. Salatzutaten mischen.

3. Eine Pfanne erhitzen, das Steak darin fettfrei ca. 3–5 Minuten von jeder Seite braten. Für das Dressing Joghurt mit Essig und Salatcreme verrühren, mit Salz und Pfeffer abschmecken. Baguette toasten. Dressing über den Salat geben, mit Chilisteak und Baguette servieren.

BROCCOLI-PUTEN-
Pfanne

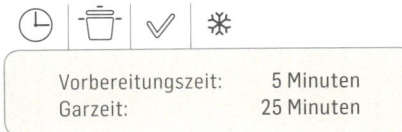

pro Person

10 ProPoints Wert

Vorbereitungszeit:	5 Minuten
Garzeit:	25 Minuten

Für 1 Person:

120 g Putenschnitzel
Salz
Pfeffer
1 TL Currypulver
1 TL Pflanzenöl
60 g trockener Langkornreis
250 ml Gemüsebrühe (1 TL Instantpulver)
300 g Broccoliröschen (TK)

1. Putenschnitzel abspülen, trocken tupfen und in Stücke schneiden. Mit Salz, Pfeffer und 1/2 Teelöffel Currypulver würzen.

2. Öl in einer Pfanne erhitzen und Puten-schnitzelstücke darin ca. 2 Minuten rund-herum braten. Reis zugeben, mit restlichem Currypulver bestäuben und anschwitzen. Mit Brühe ablöschen und ca. 12 Minuten garen. Broccoliröschen zugeben und weitere ca. 10 Minuten garen. Broccoli-Puten-Pfanne mit Salz und Pfeffer abschmecken und servieren.

LACHS
mit Lauchnudeln

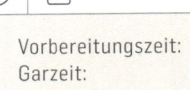

pro Person

12 ProPoints Wert

Vorbereitungszeit:	10 Minuten
Garzeit:	20 Minuten

Für 2 Personen:

120 g trockene Bandnudeln
Salz
500 g Lauch
2 Lachsfilets (à 100 g)
1 TL Zitronensaft
grober Pfeffer
1 TL Pflanzenöl
1/2 TL Kurkuma

1. Bandnudeln nach Packungsanweisung in Salzwasser garen. Lauch waschen, in Ringe schneiden und ca. 4 Minuten vor Ende der Garzeit zufügen und mitgaren.

2. Lachsfilets abspülen, trocken tupfen, mit Zitronensaft beträufeln, salzen und pfeffern. Öl in einer Pfanne erhitzen und Lachsfilets darin ca. 5 Minuten von jeder Seite braten.

3. Nudel-Lauch-Mischung abgießen, mit Kurkuma verfeinern, mit Salz und Pfeffer abschmecken, auf Teller verteilen und mit Lachs servieren.

Tipp:

Sie mögen es exotisch? Dann braten Sie mit den Putenschnitzelstücken zusätzlich 8 mittelgroße, küchen-fertige Garnelen an. Der *ProPoints*® Wert pro Person erhöht sich auf 11.

PUTENSTEAK
mit Tomatensalsa

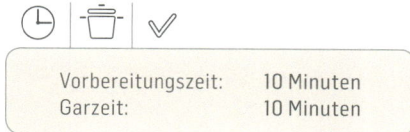

pro Person

	Vorbereitungszeit:	10 Minuten
	Garzeit:	10 Minuten

Für 1 Person:

1 milde eingelegte Peperoni
4 Tomaten
1 rote Zwiebel
1 TL heller Balsamicoessig
1 EL gehackte Petersilie
Salz
Pfeffer
1–2 TL Zitronensaft
1 Putensteak (120 g)
1 TL Pflanzenöl
3 Scheiben Baguette

1. Peperoni abtropfen lassen und in kleine Würfel schneiden. Tomaten waschen, Zwiebel schälen und beides in kleine Würfel schneiden. Alles mit Essig und Petersilie vermischen. Mit Salz und Pfeffer kräftig würzen und mit Zitronensaft abschmecken.

2. Putensteak abspülen, trocken tupfen und mit Salz und Pfeffer würzen. Öl in einer Pfanne erhitzen und Putensteak darin ca. 3–5 Minuten von jeder Seite braten. Putensteak mit Tomatensalsa und Baguettescheiben servieren.

Tipp:
Dazu schmeckt gedünstetes Gemüse. 1 kleine Zucchini würfeln, 200 g Zuckererbsenschoten in mundgerechte Stücke schneiden und beides in 1 TL Olivenöl ca. 5 Minuten zugedeckt dünsten. Mit Salz und Pfeffer kräftig abschmecken und mit 1 TL gehackten Kräutern verfeinern. Der *ProPoints* ® Wert pro Person erhöht sich auf 11.

115

NUDEL-TUNFISCH-
Topf

pro Person

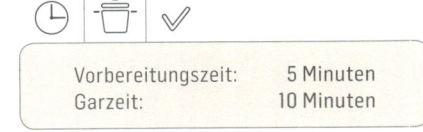

Vorbereitungszeit: 5 Minuten
Garzeit: 10 Minuten

Für 2 Personen:

120 g trockene Spiralnudeln
Salz
200 g stückige Tomaten
50 ml Gemüsebrühe (2 Prisen Instantpulver)
1/2 TL gehackter Majoran
Pfeffer
1 Dose Tunfisch, im eigenen Saft
      (150 g Abtropfgewicht)
50 g Erbsen (TK)
1 Dose Mais (140 g Abtropfgewicht)
2 EL Schmand

1. Spiralnudeln nach Packungsanweisung in Salzwasser garen. Tomaten und Brühe in einen Topf geben, mit Majoran, Salz und Pfeffer würzen und aufkochen. Tunfisch abtropfen lassen, mit Erbsen unterheben und ca. 5 Minuten köcheln lassen.

2. Mais abtropfen lassen, unterheben und kurz erwärmen. Sauce mit Schmand verfeinern und mit Salz und Pfeffer abschmecken. Nudeln abgießen, unter die Sauce heben und servieren.

ASIATISCHE
Woknudeln

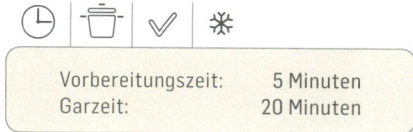

pro Person

| Vorbereitungszeit: | 5 Minuten |
| Garzeit: | 20 Minuten |

Für 2 Personen:

300 g Weißkohl
200 g Putenschnitzel
2 TL Pflanzenöl
3 EL Sojasauce
Pfeffer
250 g Karottenscheiben (TK)
1 EL Tomatenmark
400 ml Gemüsebrühe (2 TL Instantpulver)
120 g trockene Wok-Nudeln
5 Cashewnüsse

1. Weißkohl putzen, vierteln, den Strunk entfernen und Weißkohl in Streifen schneiden. Putenschnitzel abspülen, trocken tupfen und in Streifen schneiden. Öl in einer Pfanne erhitzen und Schnitzelstreifen darin ca. 2–3 Minuten rund-herum braten. Mit 2 Esslöffeln Sojasauce und Pfeffer würzen.

2. Weißkohlstreifen, gefrorene Karottenscheiben und Tomatenmark zugeben. Mit Brühe ablöschen und ca. 10 Minuten köcheln lassen. Wok-Nudeln unter-rühren und weitere ca. 5 Minuten garen. Gelegentlich durchrühren. Cashew-nüsse hacken. Woknudeln mit restlicher Sojasauce und Pfeffer abschmecken und mit Cashewnüssen bestreut servieren.

RINDERSTEAK
mit Papaya

pro Person

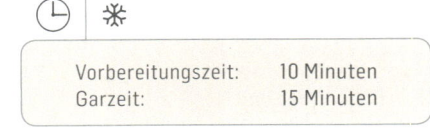

Vorbereitungszeit:	10 Minuten
Garzeit:	15 Minuten

Für 2 Personen:

200 g Zuckererbsenschoten
1 rote Chilischote
1 kleine Papaya
80 g trockener Minuten-Basmatireis
Salz
2 Rindersteaks (à 120 g)
Pfeffer
1 TL Pflanzenöl
1 EL Mangochutney

1. Zuckererbsenschoten waschen und halbieren. Chilischote waschen, entkernen und würfeln. Papaya halbieren, Kerne entfernen, schälen und in Stücke schneiden.

2. Reis nach Packungsanweisung in Salzwasser garen. Rindersteaks trocken tupfen, mit Salz und Pfeffer würzen. Öl in einer Pfanne erhitzen, Steaks darin ca. 3–5 Minuten von jeder Seite braten, herausnehmen und in Alufolie wickeln.

3. Zuckererbsenschoten im Bratensatz ca. 2 Minuten anbraten. Papayastücke zugeben und ca. 1 weitere Minute braten. Pfanne vom Herd nehmen und Chiliwürfel zugeben. Gemüse mit Mangochutney verfeinern und mit Salz und Pfeffer abschmecken. Mit Rindersteaks und Reis servieren.

GRATINIERTE
Hähnchentoasts

pro Person

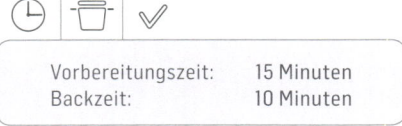

Vorbereitungszeit:	15 Minuten
Backzeit:	10 Minuten

Für 2 Personen:

1 EL Schmand
1 EL Salatcreme, bis 10 % Fett
Currypulver
Chilipulver
Salz
Pfeffer
1/2 Mango
2 Scheiben Toast
90 g Hähnchenbrustaufschnitt
2 Scheiben Schmelzkäse, 20 % Fett i. Tr.

1. Schmand mit Salatcreme verrühren, mit Curry- und Chilipulver, Salz und Pfeffer abschmecken. Mango schälen, das Fruchtfleisch vom Stein schneiden und in Spalten schneiden. Backofen auf 180° C (Gas: Stufe 2, Umluft: 160° C) vorheizen.

2. Toastscheiben mit der Creme bestreichen, mit Hähnchenbrustaufschnitt, einigen Mangospalten und Käsescheiben belegen. Im Backofen auf mittlerer Schiene ca. 10 Minuten überbacken. Hähnchentoasts diagonal halbieren. Mit restlichen Mangospalten und nach Wunsch mit frischen Kräutern garniert servieren.

Tipp:
Statt Schmelzkäse können Sie auch 50 g Camembert, 30 % Fett i. Tr., verwenden. Der *ProPoints*® Wert pro Person ändert sich nicht.

TOMATE-
Mozzarella

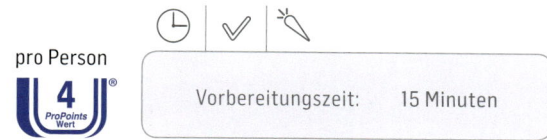

pro Person **4** ProPoints Wert

Vorbereitungszeit: 15 Minuten

Für 2 Personen:

400 g Tomaten
1 Kugel Mozzarella light
Salz
Pfeffer
1/2 TL gehackter Oregano
1/4 Bund Basilikum
1–2 EL dunkler Balsamicoessig
1 EL Orangensaft
1 EL Olivenöl

1. Tomaten waschen. Mozzarella abtropfen lassen und mit Tomaten in Scheiben schneiden. Auf Tellern fächerförmig überlappend verteilen. Mit Salz, Pfeffer und Oregano würzen.

2. Basilikum waschen, trocken schütteln und die Blätter abzupfen. Essig, Orangensaft und Olivenöl verrühren, mit Salz und Pfeffer kräftig abschmecken. Gleichmäßig auf den Tomaten- und Mozzarellascheiben verteilen und mit Basilikumblättern garniert servieren.

GARNELENCOCKTAIL
auf Salat

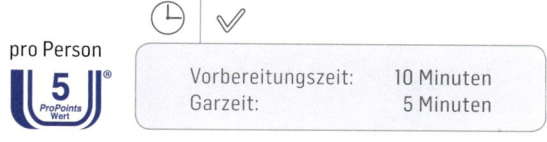

pro Person **5** ProPoints Wert

Vorbereitungszeit: 10 Minuten
Garzeit: 5 Minuten

Für 2 Personen:

1 Limette
250 g küchenfertige Garnelen
1 TL Pflanzenöl
150 g Magermilchjoghurt
2 EL Salatcreme, bis 10 % Fett
1 EL Tomatenmark
1 EL gehackter Dill
Salz
Pfeffer
1 TL Zucker
1 kleiner Kopfsalat

1. Limette auspressen. Garnelen abspülen, trocken tupfen, mit 1 Esslöffel Limettensaft beträufeln. Öl in einer Pfanne erhitzen und Garnelen darin ca. 2 Minuten rundherum braten.

2. Joghurt, Salatcreme, Tomatenmark, 2 Esslöffel Limettensaft und Dill zu einem Dressing verrühren und mit Salz, Pfeffer und Zucker würzen. Garnelen mit Dressing mischen. Salat waschen, trocken schleudern und in mundgerechte Stücke zerteilen. Auf Tellern verteilen, Garnelencocktail darauf anrichten und servieren.

Tipp:

Für den großen Hunger können Sie den Garnelencocktail mit 150 g abgetropften Spargelspitzen (Konserve) oder 150 g abgetropften Champignonscheiben (Konserve) ergänzen. Der *ProPoints*® Wert pro Person ändert sich nicht.

CIABATTA
mit Hähnchenbrust und getrockneten Tomaten

pro Person
6 ProPoints Wert

Vorbereitungszeit:	10 Minuten
Einweichzeit:	10 Minuten

Für 1 Person:

3 getrocknete Tomaten, ohne Öl
100 ml heiße Gemüsebrühe
(1/2 TL Instantpulver)
1 Ciabattabrötchen
3 EL Kräuterfrischkäse, bis 1 % Fett absolut
50 g Rucola
4 Scheiben Hähnchenbrustaufschnitt
1 EL dunkler Balsamicoessig
Salz
Pfeffer

1. Getrocknete Tomaten in heißer Brühe ca. 10 Minuten einweichen lassen. Tomaten abtropfen lassen und in Streifen schneiden. Ciabattabrötchen halbieren und beide Hälften mit Frischkäse bestreichen.

2. Rucola waschen, trocken schleudern, in mundgerechte Stücke zerteilen und Brötchenhälften damit belegen. Hähnchenbrustaufschnitt mit Tomatenstreifen darauf verteilen. Mit Balsamicoessig beträufeln, mit Salz und Pfeffer würzen und mit restlichem Rucola servieren.

super!

SCHARFE
Frikadellenmuffins

pro Stück
2 ProPoints Wert ®

Vorbereitungszeit:	15 Minuten
Backzeit:	20 Minuten

Für 12 Stück:

1 grüne Paprika
1 rote Chilischote
1 rote Zwiebel
1 Knoblauchzehe
420 g Geflügelhackfleisch
(aus Hähnchenbrustfilet, ersatzweise Tatar)
1 Ei
3 EL Magerquark
Salz
Pfeffer
2 TL gehackter Thymian
40 g Paniermehl

1. Backofen auf 200° C (Gas: Stufe 3, Umluft: 180° C) vorheizen. Paprika und Chilischote waschen und entkernen, Zwiebel schälen und alles in kleine Würfel schneiden. Knoblauch pressen. Hackfleisch mit Ei, Quark, Paprika-, Zwiebel-, Chiliwürfeln und Knoblauch verkneten. Mit Salz, Pfeffer und Thymian würzen.

2. Masse zu 12 Bällchen formen und in Paniermehl wälzen. In die Mulden eines Muffinbleches geben, im Backofen auf mittlerer Schiene ca. 20 Minuten goldbraun backen und servieren.

GURKEN-KÄSE-
Sandwich

pro Person
4 ProPoints Wert

Vorbereitungszeit:	15 Minuten
Ziehzeit:	10 Minuten

Für 2 Personen:

1/2 Salatgurke
Salz
1 TL gehackter Dill
1–2 TL Weißweinessig
Pfeffer
1 Prise Zucker
2 Scheiben Toast
2 EL Salatcreme, bis 10 % Fett
einige Blätter Eisbergsalat
1 Scheibe Gouda, 30 % Fett i. Tr.

1. Salatgurke waschen, in dünne Scheiben hobeln, mit Salz würzen und ca. 10 Minuten ziehen lassen. Gurkenscheiben gut ausdrücken, mit Dill und Essig vermischen und mit Pfeffer und Zucker würzen.

2. Toastscheiben mit Salatcreme bestreichen und eine Scheibe mit Salatblättern belegen. Mit Gouda belegen und Gurkensalat darauf verteilen. Mit zweiter Scheibe bedecken, diagonal halbieren und servieren.

Variante
Schinkensandwich:
Ersetzen Sie die Salatcreme durch 2 EL Ketchup und verwenden Sie statt Käse 1 Scheibe gekochten Schinken. Der *ProPoints*® Wert pro Person reduziert sich auf 3.

SALZIGE
Quarkbrötchen

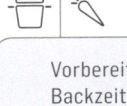

pro Stück
3 ProPoints Wert

Vorbereitungszeit:	20 Minuten
Backzeit:	30 Minuten

Für 18 Stück:

500 g Mehl
1 Päckchen Backpulver
1 EL Salz
1 TL Honig
500 g Magerquark
2 Eier
grobes Meersalz

1. Backofen auf 180° C (Gas: Stufe 2, Umluft: 160° C) vorheizen. Mehl mit Backpulver mischen und mit Salz, Honig, Quark und Eiern zu einem glatten Teig verkneten. Teig in 18 Stücke teilen, zu Brötchen formen und kreuzweise einschneiden.

2. Brötchen mit Wasser bestreichen und mit Meersalz bestreuen. Brötchen auf ein mit Backpapier ausgelegtes Backblech legen und im Backofen auf mittlerer Schiene ca. 30 Minuten backen. Salzige Quarkbrötchen leicht auskühlen lassen und servieren.

Tipp:
Aus den salzigen Quarkbrötchen werden im Handumdrehen Mohn-, Sesam- oder Leinsamenbrötchen. Bestreuen Sie dafür die mit Wasser bestrichenen Brötchen mit je 1 TL Sesam, Mohn oder Leinsamen und backen Sie die Brötchen wie oben beschrieben. Der *ProPoints*® Wert pro Stück erhöht sich auf 4.

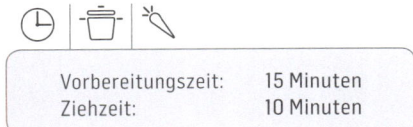

FRISCHKÄSE-
Kräuter-Dip

pro Person
3 ProPoints Wert

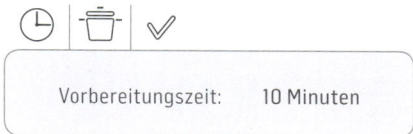

Vorbereitungszeit: 10 Minuten

Für 2 Personen:

1 Knoblauchzehe
1 rote Zwiebel
125 g Magerquark
100 g Frischkäse, bis 1% Fett absolut
3 EL Crème légère (ersatzweise 2 EL Schmand)
2 EL gehackte Petersilie
2 EL Schnittlauchringe
Salz
Pfeffer

1. Knoblauch pressen, Zwiebel schälen und in sehr kleine Würfel schneiden. Quark mit Frischkäse und Crème légère verrühren. Zwiebelwürfel, Knoblauch, Petersilie und Schnittlauch unterheben und mit Salz und Pfeffer abschmecken. Frischkäse-Kräuter-Dip schmeckt zu Brot oder Gemüsesticks.

Variante 1
Curry-Quark-Dip:
1 kleinen Apfel fein raspeln und mit 125 g Magerquark und 3 EL Crème légère (ersatzweise 2 EL saurer Sahne) verrühren. Mit Salz, Pfeffer und Currypulver pikant abschmecken und den Dip zu Brot servieren. Der *ProPoints®* Wert pro Person beträgt 2.

Variante 2
Krabben-Quark-Dip:
1 Zwiebel in Würfel schneiden. 125 g Magerquark, 2 EL Mineralwasser und 1 EL Salatcreme, bis 20 % Fett, glatt rühren. Zwiebelwürfel, 1 EL gehackten Dill unterrühren und 50 g Krabben unterheben, mit Salz und Pfeffer abschmecken. Krabben-Quark-Dip zu Pellkartoffeln servieren. Der *ProPoints®* Wert pro Person beträgt 2.

BRUSCHETTA
mit Tomaten

 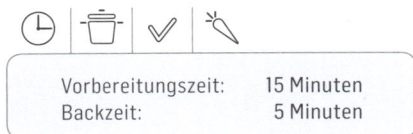

pro Person
5 ProPoints Wert

Vorbereitungszeit: 15 Minuten
Backzeit: 5 Minuten

Für 2 Personen:

4 Scheiben Baguettebrot
2 Tomaten
1 Knoblauchzehe
2 EL gehacktes Basilikum
2 TL Olivenöl
Salz
Pfeffer

1. Backofen auf 200° C (Gas: Stufe 3, Umluft: 180° C) vorheizen. Baguettescheiben im Backofen auf mittlerer Schiene ca. 5 Minuten rösten. Tomaten waschen und würfeln. Knoblauch pressen.

2. Tomatenwürfel mit Knoblauch, Basilikum und Öl mischen. Mit Salz und Pfeffer kräftig würzen. Tomatenmasse auf den Baguettescheiben verteilen und servieren.

> Variante
> Bruschetta mit Tunfisch:
> 1 rote Zwiebel in feine Würfel schneiden und 1 TL Kapern hacken. 1/2 Dose Tunfisch, im eigenen Saft (75 g Abtropfgewicht), abtropfen lassen, mit 2 EL Ricotta, Zwiebelwürfeln und Kapern mischen und kräftig mit Salz und Pfeffer würzen. 4 Scheiben Baguettebrot rösten und Tunfischmasse darauf verteilen. Der *ProPoints®* Wert pro Person erhöht sich auf 6.

SPARGEL-LACHS-
Wraps

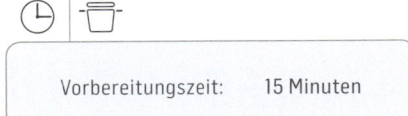

pro Stück
4 ProPoints Wert

Vorbereitungszeit: 15 Minuten

Für 2 Stück:

1 EL Frischkäse, bis 1 % Fett absolut
1 TL gehackter Dill
1 TL Senf
1 TL Honig
Salz
Pfeffer
100 g Spargelstangen (Konserve)
2 Blätter Eisbergsalat
1 Scheibe Räucherlachs (50 g)
2 Tortillafladen

1. Frischkäse mit Dill, Senf und Honig verrühren, mit Salz und Pfeffer würzen. Spargelstangen gut abtropfen lassen. Salatblätter waschen, trocken schleudern und in mundgerechte Stücke zerteilen. Räucherlachs in Stücke zupfen.

2. Tortillafladen fettfrei in einer Pfanne rösten. Mit Frischkäsecreme bestreichen, mit Salat, Räucherlachs und Spargel belegen und aufrollen. Spargel-Lachs-Wraps servieren.

> Variante
> Schinken-Ei-Wraps:
> Tortillas mit je 1 TL Senf bestreichen. Jeweils mit 1 Scheibe Parmaschinken, 1 Blatt Eisbergsalat und 1/2 hart gekochten Ei sowie 1/2 Tomate in Scheiben belegen. Wraps aufrollen und servieren. Der *ProPoints®* Wert pro Stück erhöht sich auf 5.

ANANASCARPACCIO
mit Joghurt-Kokos-Sauce

pro Person

3 ProPoints Wert

Vorbereitungszeit: 15 Minuten

Für 2 Personen:

1 kleine Ananas
250 g Himbeeren (ersatzweise TK)
300 g Magermilchjoghurt
2 EL Kokossirup
einige Tropfen flüssiger Süßstoff

1. Ananas schälen, in dünne Scheiben schneiden und den Strunk jeweils herausschneiden. Ananasscheiben auf Tellern anrichten. Himbeeren waschen, trocken tupfen und auf den Ananasscheiben verteilen.

2. Für die Sauce Magermilchjoghurt mit Kokossirup verfeinern und mit Süßstoff abschmecken. Ananascarpaccio mit Joghurt-Kokos-Sauce beträufeln und mit restlicher Sauce sofort servieren.

MÜSLIRIEGEL
aus dem Ofen

pro Riegel

3 ProPoints Wert

| Vorbereitungszeit: | 15 Minuten |
| Backzeit: | 20 Minuten |

Für 20 Riegel:

1 EL Kürbiskerne
1 EL Sonnenblumenkerne
110 g Weizenvollkornmehl
200 g Früchtemüsli
170 g Haferflocken
160 g Apfelmus
160 g Honig
1 TL Zimtpulver

1. Backofen auf 180° C (Gas: Stufe 2, Umluft: 160° C) vorheizen. Kürbiskerne grob hacken und mit Sonnenblumenkernen, Mehl, Müsli und Haferflocken vermischen. Mit Apfelmus, Honig und Zimtpulver gut vermengen.

2. Alles zu einem Teig verkneten und gleichmäßig auf ein mit Backpapier ausgelegtes Backblech drücken. Im Backofen auf mittlerer Schiene ca. 20 Minuten backen und noch warm in Riegel schneiden. Müsliriegel auskühlen lassen und servieren.

KRABBEN
auf Toast

pro Person
4 ProPoints Wert

Vorbereitungszeit:	10 Minuten
Marinierzeit:	10 Minuten

Für 1 Person:

50 g küchenfertige Krabben
1 TL Zitronensaft
1 TL gehackter Dill
Salz
Pfeffer
1 EL Salatcreme, bis 10 % Fett
1/2 TL Senf
1/2 TL Honig
1 Scheibe Toast

1. Krabben mit Zitronensaft und Dill vermischen, mit Salz und Pfeffer würzen und ca. 10 Minuten marinieren. Salatcreme mit Senf und Honig verrühren, mit Salz und Pfeffer abschmecken.

2. Toast rösten und mit Senf-Honig-Creme bestreichen. Mit Krabben belegen und Toast servieren.

Tipp:
Verwenden Sie statt Krabben 50 g küchenfertige Garnelen. Der *ProPoints*® Wert pro Person ändert sich nicht.

HÄHNCHENWRAP
mit Salat

pro Stück
5 ProPoints Wert

Vorbereitungszeit:	10 Minuten
Garzeit:	5 Minuten

Für 2 Stück:

120 g Hähnchenbrustfilet
Salz
Pfeffer
1 TL Pflanzenöl
1/2 Eisbergsalat
2 kleine Tomaten
25 g getrocknete Aprikosen
1 Tortilla
125 g Magermilchjoghurt
1 EL Frischkäse, bis 1% Fett absolut
1 TL Schnittlauchringe

1. Hähnchenbrustfilet abspülen, trocken tupfen, in Würfel schneiden und mit Salz und Pfeffer würzen. Öl in einer Pfanne erhitzen und Hähnchenbrustwürfel darin ca. 3–5 Minuten knusprig braten. Salat waschen, trocken schleudern und in mundgerechte Stücke zerteilen. Tomaten waschen und in Scheiben schneiden. Aprikosen würfeln.

2. Tortillafladen in einer Pfanne fettfrei ca. 1 Minute von jeder Seite rösten. Für den Dip Joghurt, Frischkäse und Schnittlauch verrühren, mit Salz und Pfeffer würzen und den Tortillafladen damit bestreichen. Mit Salat, Hähnchenbrustwürfeln, Tomatenscheiben und Aprikosenwürfeln belegen.

3. Tortilla fest aufrollen und diagonal halbieren. Hähnchenwrap mit restlichem Salat und Dip servieren.

LIMETTENQUARK
mit Erdbeeren

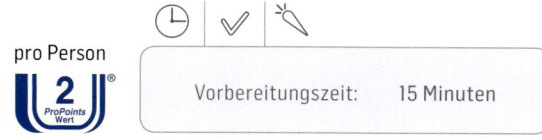

pro Person
2 ProPoints Wert

Vorbereitungszeit: 15 Minuten

Für 2 Personen:

250 g Erdbeeren (frisch oder TK)
1/2 unbehandelte Limette
250 g Magerquark
2 EL kohlensäurehaltiges Mineralwasser
1 TL Honig

1. Erdbeeren waschen und trocken tupfen oder auftauen lassen. 200 g Erdbeeren pürieren. Limettenschale abreiben und Limettenhälfte auspressen.

2. Quark mit Mineralwasser verrühren, mit Limettensaft und -schale abschmecken und mit Honig verfeinern. Limettenquark in Gläser füllen, Erdbeerpüree daraufgeben und mit restlichen Erdbeeren garniert servieren.

HIMBEER-JOGHURT-
Semifreddo

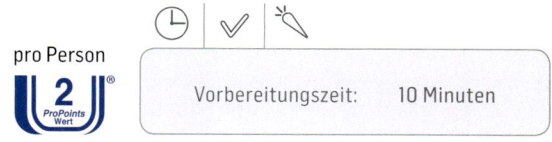

pro Person
2 ProPoints Wert

Vorbereitungszeit: 10 Minuten

Für 2 Personen:

400 g Himbeeren (TK)
250 g fettarmer Joghurt
einige Tropfen Vanillearoma
2 EL gehackte Minze
einige Tropfen flüssiger Süßstoff
2 Blätter Minze

1. Gefrorene Himbeeren mit Joghurt pürieren, mit Vanillearoma und Minze verrühren und mit Süßstoff abschmecken.

2. Minzblätter waschen und trocken schütteln. Himbeer-Joghurt-Semifreddo in 2 Dessertschalen füllen und mit Minze garniert servieren.

Tipp:
Statt Himbeeren können Sie auch TK-Heidelbeeren oder gemischte Beeren verwenden. Der *ProPoints*® Wert pro Person ändert sich nicht.

BANANEN-QUARK-
Pfannkuchen

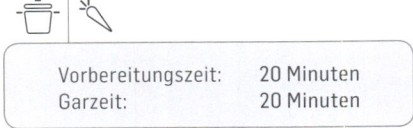

pro Person

Vorbereitungszeit:	20 Minuten
Garzeit:	20 Minuten

Für 2 Personen:

65 g Mehl
1 EL feine Haferflocken
1 EL brauner Zucker
1 Prise Zimtpulver
200 ml fettarme Milch
1 Ei
3 EL Magerquark
1/2 Zitrone
2 reife Bananen
2 TL Pflanzenöl
1 TL Puderzucker

1. Mehl, Haferflocken, Zucker und Zimtpulver vermischen. Milch und Ei verschlagen und Mehlmischung unterrühren. Quark unterheben und zu einem glatten Teig vermengen. Zitronenhälfte auspressen. Bananen schälen, in Scheiben schneiden und mit 1 Teelöffel Zitronensaft beträufeln.

2. 1 Teelöffel Öl in einer Pfanne erhitzen und die Hälfte des Teiges darin leicht stocken lassen. Die Hälfte der Bananenscheiben auf dem Teig verteilen. Pfannkuchen ca. 5 Minuten von jeder Seite backen und im Backofen bei 60° C warm stellen. Restliches Öl im Bratensatz erhitzen und zweiten Pfannkuchen mit den restlichen Bananenscheiben abbacken. Bananen-Quark-Pfannkuchen mit Puderzucker bestäubt servieren.

Tipp:
Erwärmen Sie 2 TL Nuss-Nougat-Creme in der Mikrowelle und beträufeln Sie die Pfannkuchen damit. Der *ProPoints*® Wert pro Person erhöht sich auf 10.

FRUCHTIGE
Schichtcreme

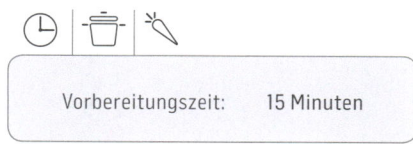

pro Person

Vorbereitungszeit: 15 Minuten

Für 2 Personen:

125 g Magerquark
1 EL Zucker
1 Vanilleschote
60 ml Cremefine zum Schlagen
300 g gemischte Beeren
    (z. B. Himbeeren und Erdbeeren)
1/2 TL gehackte Zitronenmelisse (ersatzweise Minze)
1 TL gehackte Pistazien

1. Quark mit Zucker glatt rühren. Vanilleschote längs halbieren und das Mark herauskratzen. Cremefine steif schlagen und mit Vanillemark unter den Quark heben.

2. Beeren waschen, trocken tupfen und einige als Garnitur zur Seite stellen. Beeren mit Zitronenmelisse pürieren. Quarkcreme und Beerenpüree abwechselnd in 2 verschließbare Gläser füllen. Mit restlichen Beeren und Pistazien garnieren und verschließen.

Tipp:
Für den Transport eignen sich
z. B. Marmeladengläser oder kleine
Weckgläser. Gut verschlossen ist die
fruchtige Schichtcreme der perfekte
Begleiter für unterwegs.

ORANGENBULGUR
mit Honigjoghurt

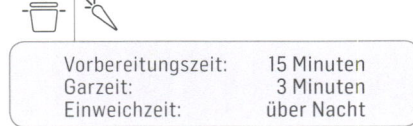

pro Person

Vorbereitungszeit:	15 Minuten
Garzeit:	3 Minuten
Einweichzeit:	über Nacht

Für 2 Personen:

130 ml Orangensaft
50 g trockener Bulgur
1 Glas Mandarin-Orangen, ohne Zucker
    (195 g Abtropfgewicht)
1 EL gehackte Pistazien
einige Tropfen flüssiger Süßstoff
250 g Magermilchjoghurt
3 TL Honig
Zimtpulver
1 TL gehackte Minze

1. Orangensaft aufkochen, Bulgur damit überbrühen und über Nacht abgedeckt einweichen.

2. Mandarin-Orangen abtropfen lassen, mit Pistazien unter den Bulgur mischen und mit Süßstoff abschmecken. Bulgur auf 2 Schälchen verteilen.

3. Joghurt mit Honig verfeinern und mit Zimtpulver abschmecken. Über den Bulgur geben und mit Minze bestreut servieren.

Tipp:
Wenn es schnell gehen soll, verwenden Sie Instant-Bulgur. Bulgur nach Packungsanweisung mit Orangensaft zubereiten und direkt weiterverarbeiten.

HIMBEERGRIESS
mit Pfirsich

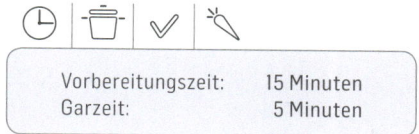

pro Person

Vorbereitungszeit: 15 Minuten
Garzeit: 5 Minuten

Für 1 Person:

100 g Himbeeren (TK)
1 TL Zucker
250 ml fettarme Milch
2 EL trockener Weichweizengrieß
einige Tropfen flüssiger Süßstoff
1 Pfirsich

1. Gefrorene Himbeeren mit Zucker bestreuen und ca. 10 Minuten antauen lassen. Milch mit Grieß aufkochen und ca. 1 Minute köcheln lassen. Mit Süßstoff abschmecken. Himbeeren pürieren und unter den Grieß rühren.

2. Pfirsich waschen, halbieren, den Stein entfernen und Pfirsich würfeln. Himbeergrieß mit Pfirsichwürfeln servieren.

SWEET COUSCOUS
mit Joghurt

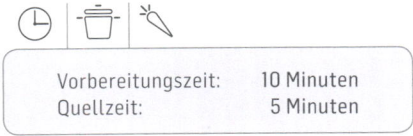

pro Person

Vorbereitungszeit: 10 Minuten
Quellzeit: 5 Minuten

Für 2 Personen:

80 g trockener Couscous
1 Weight Watchers Schoko Crisp Riegel
1 EL gehackte Haselnüsse
einige Tropfen flüssiger Süßstoff
1 Vanilleschote
125 g fettarmer Joghurt

1. Couscous nach Packungsanweisung mit Wasser zubereiten und quellen lassen. Schoko Crisp Riegel zerkleinern und mit Haselnüssen unter den Couscous heben. Mit Süßstoff abschmecken.

2. Vanilleschote längs aufschneiden und Vanillemark herauskratzen. Joghurt damit verfeinern und mit Süßstoff abschmecken. Couscous auf 2 Dessertschalen verteilen, Joghurt darübergeben und servieren.

Tipp:
Sie können den Couscous auch mit dem **Weight Watchers** Karamell Schokoladen Riegel zubereiten. Der *ProPoints*® Wert pro Person ändert sich nicht.

OBSTSALAT
mit Kokoscreme

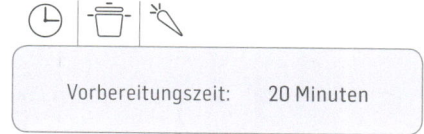

pro Person

3 ProPoints Wert

Vorbereitungszeit: 20 Minuten

Für 2 Personen:

1 Mango
1 würziger Apfel (z. B. Jonagold)
1 Birne
1 Limette
3 EL Kokosraspel
2 EL Kokosmilch
1 TL Wasser
1 TL Zucker
1 TL gehackte Zitronenmelisse

1. Mango schälen, das Fruchtfleisch vom Stein schneiden und würfeln. Apfel und Birne waschen, vierteln, entkernen und würfeln. Limette auspressen. Mango-, Apfel- und Birnenwürfel mit Limettensaft vermischen.

2. Für die Kokoscreme Kokosraspel in einer Pfanne fettfrei rösten. Mit Kokosmilch, Wasser, Zucker und Zitronenmelisse verrühren. Obstsalat mit Kokoscreme mischen und servieren.

ERDBEER-HASELNUSS-
Quark

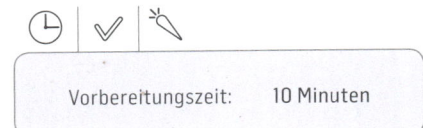

pro Person

Für 1 Person:

200 g Erdbeeren (ersatzweise TK)
250 g Magerquark
1 TL gehackte Haselnüsse
1 EL Orangensaft
einige Tropfen flüssiger Süßstoff
Zimtpulver

1. Erdbeeren waschen, trocken tupfen und
fein würfeln. Magerquark mit Haselnüssen
und Orangensaft verrühren, mit Süßstoff und
Zimtpulver abschmecken. 150 g Erdbeerwürfel
unterheben und mit restlichen Erdbeerwürfeln
bestreut servieren.

FRUCHTCOCKTAIL
mit Beerensauce

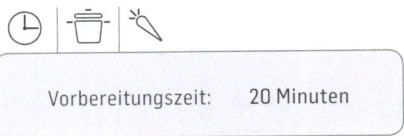

pro Person

Für 2 Personen:

80 g Heidelbeeren (TK)
1 Päckchen Vanillezucker
1/2 Zitrone
1 Banane
1 Orange
1 Birne
1 aromatischer Apfel (z. B. Cox Orange)
1 TL gehackte Minze
1 TL Honig
1 EL gehackte Walnüsse
75 g Magermilchjoghurt
einige Tropfen flüssiger Süßstoff

1. Heidelbeeren mit Vanillezucker mischen
und ca. 10 Minuten auftauen lassen. Zitronenhälfte auspressen. Banane und Orange schälen.
Banane in Scheiben und Orange in Stücke
schneiden, dabei den Saft auffangen. Birne
und Apfel waschen, vierteln, entkernen und
würfeln.

2. 1 Esslöffel Zitronensaft mit Orangensaft,
Minze und Honig verrühren. Mit Walnüssen
unter die Obststücke mischen. Joghurt zu
den Heidelbeeren geben und pürieren. Mit
Süßstoff abschmecken. Fruchtcocktail mit
Beerensauce servieren.

Erfolgsgeschichten

Schnell ⏱

Familie 🍲

Vegetarisch ✎

Blattsalate

Blumenkohl & Broccoli

Brot & Brötchen

Champignons

Couscous

Eier

Fisch & Meeresfrüchte

Geflügel

SIE SIND EINZIGARTIG

Entdecken Sie ein Ernährungsprogramm, das sich Ihren individuellen Bedürfnissen anpasst

Wir leben in einer Umgebung, in der überall kleine Sünden, Gefahrenzonen und Abnahmefallen lauern. Auf Basis aktueller wissenschaftlicher Erkenntnisse hat Weight Watchers den ProPoints® Plan 360° entwickelt. Sie lernen Ihre ganz persönlichen Abnahmefallen kennen und erhalten Strategien, wie Sie Ihre eigene Umgebung so gestalten, dass Sie nachhaltig und gesund abnehmen.

Annette, 13 kg abgenommen

* Basiert auf einer 24-wöchigen US-Vergleichsstudie zwischen Teilnehmern, die angewiesen wurden, an Treffen teilzunehmen und den Weight Watchers @ssistent (eTools in den USA) zu nutzen, sowie Teilnehmern, die angewiesen wurden, lediglich die Treffen zu besuchen.

** Nur 6 Cent pro Anruf aus dem dt. Festnetz. Mobilfunkpreise höchstens 42 Cent/Min.

ERREICHEN SIE 50 % MEHR ABNAHMEERFOLG* DURCH DIE KOMBINATION UNSERER BESTEN SERVICES:

> **Treffen:**
Professionelles Coaching, umfangreiche Materialien und jede Menge Motivation

+

> **Online:**
Rund um die Uhr Zugriff auf die Online Tools

+

> **App:**
Immer und überall dabei

Mehr Infos: www.weightwatchers.de

Jetzt kostenlos für Sie!

EIN EINZIGARTIGER PLAN

Starten Sie Ihre persönliche Erfolgsgeschichte noch heute! Jetzt kostenlos Weight Watchers Rezepte für Neueinsteiger sichern unter:

01802 - 600 620**

Besuchen Sie uns auch auf
www.facebook.de/weightwatchers oder
www.youtube.com/weightwatchers.de

DIE ERFOLGREICHEN KOCHBÜCHER VON WEIGHT WATCHERS AUF EINEN BLICK.

Unser Standardwerk mit
90 gelingsicheren Rezepten

ISBN 978-3-0003-2340-9

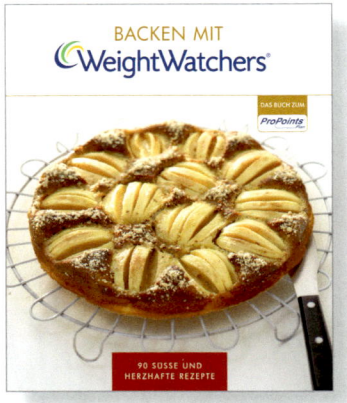

Süße und herzhafte
Lieblingsbackrezepte

ISBN 978-3-9814-5550-2

Der ewige Kalender
mit 52 Rezepten

ISBN 978-3-9814-5551-9

Mediterrane Lieblingsrezepte
von Christine Neubauer

ISBN 978-3-9814-5552-6

Die besten Rezepte aus
den vergangenen 10 Jahren

ISBN 978-3-4532-0017-3

Neu ab Februar 2013

Alltagstaugliche Rezepte
in 20 Minuten

ISBN 978-3-8338-2729-7

Die **Weight Watchers** Kochbücher sind die perfekte Unterstützung zur Erreichung Ihres Wunschgewichts. Entdecken Sie die Vielfalt in Ihrer Buchhandlung.

Änderungen vorbehalten.

Redaktion:
Weight Watchers; Claudia Braun, Claudia Thienel

Texte:
Weight Watchers

Realisierung:
The Food Professionals Köhnen AG, Sprockhövel

Projektleitung:
Silke Höpker

Rezepte:
Ingrid Schmand, Insa Weißpfennig

Versuchsküche:
Susanne Cremer

Fotografie:
Dirk Albrecht, Klaus Arras, Carsten Eichner, Stefan Schulte-Ladbeck

Foodstyling:
Katja Briol, Stefan Mungenast, Christa Schraa

Gestaltungskonzept und Grafik:
The Food Professionals Köhnen AG, Sprockhövel
Petra Penker, Stefan Windus

Druck:
Paffrath Print & Medien GmbH, Remscheid

2. Auflage

Info-Hotline 0180 2 234 564*
www.weightwatchers.de

*0,06 €/Anruf aus dem Festnetz, Mobilfunk höchstens 0,42 €/Minute.

Gedruckt auf PEFC* zertifiziertem Papier
*Die PEFC Zertifizierung bescheinigt die ausschließliche Verwendung von Rohstoffen aus nachhaltig bewirtschafteten Wäldern zum Schutz und Erhalt der Vielfalt von Pflanzen und Tieren für nachfolgende Generationen bei gleichzeitiger umweltschonender Herstellung des Papiers.